As 5 linguagens do amor
para homens

As 5 linguagens do amor para homens

Como expressar um compromisso de amor a sua esposa

GARY CHAPMAN
& RANDY SOUTHERN

Traduzido por Vanderlei Ortigosa

MUNDO CRISTÃO

Copyright © 2015 por Gary Chapman
Publicado originalmente por Northfield Publishing, Chicago, Illinois, EUA.

Os textos das referências bíblicas foram extraídos da Nova Versão Transformadora (NVT), da Editora Mundo Cristão. Usado com permissão da Tyndale House Publishers, Inc.

Todos os direitos reservados e protegidos pela Lei 9.610, de 19/02/1998.

É expressamente proibida a reprodução total ou parcial deste livro, por quaisquer meios (eletrônicos, mecânicos, fotográficos, gravação e outros), sem prévia autorização, por escrito, da editora.

CIP-Brasil. Catalogação na publicação
Sindicato Nacional dos Editores de Livros, RJ

C432c
2.ed.

Chapman, Gary D., 1938-
As 5 linguagens do amor para homens: como expressar um compromisso de amor a sua esposa / Gary Chapman, Randy Southern; tradução Vanderlei Ortigoza. – 2. ed. – São Paulo: Mundo Cristão, 2018.
176 p.; 21 cm.

Tradução de: The 5 love languages for men: tools for making a good great relationship
ISBN 978-65-5988-387-5

1. Homens cristãos – Aspectos religiosos – Cristianismo. 2. Relação homem-mulher. I. Southernm, Randy. II. Título

17-45848

CDD: 155.332
CDU: 159.9221

Edição
Daniel Faria

Preparação
Ester Alcântara

Revisão
Josemar de Souza Pinto

Colaboração
Natália Custódio
Heda Lopes

Diagramação
Triall Editorial Ltda.

Capa
Jonatas Belan

Publicado no Brasil com todos os direitos reservados por:

Editora Mundo Cristão
Rua Antônio Carlos Tacconi, 69
São Paulo, SP, Brasil
CEP 04810-020
Telefone: (11) 2127-4147
www.mundocristao.com.br

Categoria: Família
1ª edição: fevereiro de 2014
2ª edição: fevereiro de 2018
2ª edição (capa nova): outubro de 2024

Dedicado às centenas de homens que
compartilharam comigo suas dificuldades em
construir um casamento bem-sucedido

Sumário

Agradecimentos 9

O que há de novo em As 5 linguagens do amor para homens? 11

1. Quantas línguas você fala? 13
2. Primeira linguagem do amor: Como se tornar fluente em palavras de afirmação 21
3. Segunda linguagem do amor: Como se tornar fluente em tempo de qualidade 37
4. Terceira linguagem do amor: Como se tornar fluente em presentes 53
5. Quarta linguagem do amor: Como se tornar fluente em atos de serviço 67
6. Quinta linguagem do amor: Como se tornar fluente em toque físico 81
7. Quais linguagens você fala? 95
8. Resolução de problemas 107
9. Como tratar a raiva juntos? 119
10. A arte de pedir perdão 133

Perguntas frequentes 149

Descubra sua linguagem do amor: Questionário para maridos 167

Descubra sua linguagem do amor: Questionário para esposas 171

Agradecimentos

Tenho uma grande dívida para com os homens que abriram o coração para mim ao longo de todos esses anos. Conheci alguns deles em meu escritório e outros em minhas palestras sobre casamento por todo o país. São homens sinceros, que desejam um casamento bem-sucedido, mas admitem que não sabem como chegar lá. Tem sido um enorme prazer participar da jornada deles rumo a um casamento cada vez melhor.

Para esta edição revisada, contei com a ajuda valiosíssima de Randy Southern e Chris Hudson. Também agradeço, como sempre, a John Hinkley, Betsey Newenhuyse e Zack Williamson, membros da equipe editorial da Northfield Publishing.

GARY CHAPMAN

O que há de novo em *As 5 linguagens do amor para homens*?

Acrescentamos algumas histórias novas e divertidas, que o ajudarão a compreender melhor seu casamento, além de desenhos do talentoso Nathan Little para ilustrar as transformações da vida real discutidas pelo dr. Chapman. Esta edição revisada e atualizada de *As 5 linguagens do amor para homens* também aborda duas novas questões, que precisam ser tratadas para que as linguagens do amor fluam livremente: lidar com a raiva e pedir perdão.

Aprender uma nova linguagem do amor não é fácil. Muitas vezes, a melhor estratégia é o processo de tentativa e erro, que pode ser frustrante. Acrescente a isso a insegurança de sair da zona de conforto, e eis os ingredientes para uma situação explosiva. Se os esforços para falar uma linguagem do amor ficam aquém do esperado ou não causam grande impacto na esposa, a raiva pode ser uma reação tentadora.

E não há nada errado com isso.

Sentir raiva não é pecado; é uma reação natural. O modo como lidamos com esse sentimento, porém, faz toda a diferença. Se aprendermos a lidar com a raiva de uma forma saudável, veremos que o impacto em nosso relacionamento será gigantesco.

Da mesma forma, dominar a arte de pedir perdão será de grande valia para manter a saúde do seu casamento (e outros relacionamentos) nos anos vindouros.

Se apresentado adequadamente, um simples pedido de desculpa pode encerrar tensões, conflitos e mágoas que se arrastam há meses ou mesmo anos. É algo que pode mudar o pensamento de sua esposa a seu respeito e a maneira como ela olha para você. Sim, pode quebrar barreiras mais rápido que qualquer outra palavra ou ação.

Com o acréscimo dessas duas novas ferramentas à sua gaveta das linguagens do amor, você estará equipado como nunca para fazer a diferença na vida de sua esposa.

RANDY SOUTHERN

1

Quantas línguas você fala?

Já ouviu a história daquele cara que, no aniversário de dez anos de casamento, surpreendeu sua esposa que se considerava *nerd* com uma festa nesse estilo? O sujeito passou *dezoito meses* planejando uma celebração com os maiores ícones da cultura *pop* apreciados pela esposa. Os padrinhos vestiam camisetas de super-heróis por baixo do paletó. Cada camada do bolo foi enfeitada com elementos de um dos filmes ou séries de televisão favoritos do casal — *Super-Homem*, *Guerra nas Estrelas*, *Firefly* e *Dr. Who*. O pajem, o filho de 4 anos do casal, trajava uma capa de Super-Homem. Embora todos os amigos e a família estivessem envolvidos na surpresa, de alguma forma ele conseguiu fazer os preparativos sem que a esposa descobrisse.

Também há o caso do sujeito que resolveu celebrar um ano de namoro colando por toda a cidade de Nova York cartazes com a história de como conheceu a namorada. Pediu que pessoas fotografassem o cartaz e postassem em redes sociais com uma *hashtag*. Em questão de horas a ação se tornou viral e o casal recebeu mais de mil fotos, incluindo algumas de celebridades como Matt Lauer.

Talvez você tenha ficado sabendo, ainda, do sujeito que produziu um livro para sua esposa por ocasião do sexto aniversário de casamento. Ele passou um ano inteiro escrevendo 365 coisas que amava em sua esposa e depois organizou tudo em um único volume, juntamente com fotos do casal ao longo dos anos.

14 | As 5 linguagens do amor para homens

Histórias desse tipo geralmente causam duas reações em homens casados: batem palmas e elogiam a criatividade desses sujeitos (sem falar em seus quinze minutos de fama) ou os amaldiçoam por elevar demais o padrão e fazer com que, em comparação, o restante de nós pareça falhar nesse aspecto.

Mas há uma boa notícia: **a menos que esses caras tenham planejado tudo isso pensando na linguagem do amor de suas esposas, eles poderiam ter alcançado o mesmo resultado com, digamos, um cartão de aniversário comum e um *delivery* de comida chinesa.**

NÃO É O QUE VOCÊ DIZ; É A LINGUAGEM QUE VOCÊ USA

A frase acima não é uma vinheta de restaurante chinês (embora um bom *dim sum* seja sempre bem-vindo) nem uma pancada na testa daqueles que se esforçam para impressionar a esposa, mas sim um ponto de exclamação a respeito da importância de compreender as linguagens do amor.

Todos nós temos uma linguagem do amor principal, uma forma de expressão de carinho e afeto que nos toca profundamente e, por vezes, coloca um sorriso bobo em nosso rosto e nos convence de que somos verdadeira e maravilhosamente amados.

Como você provavelmente já deve ter deduzido ao ler o título deste livro, existem cinco linguagens do amor:

1. Palavras de afirmação (capítulo 2)
2. Tempo de qualidade (capítulo 3)
3. Presentes (capítulo 4)
4. Atos de serviço (capítulo 5)
5. Toque físico (capítulo 6)

Uma dessas linguagens é a via expressa para o coração de sua esposa. Isso não significa que ela não reagirá educadamente a uma ou mais das outras linguagens, ainda mais se perceber que você está se esforçando de verdade. Em última análise, porém, as outras quatro linguagens são tão estranhas para ela quanto mandarim.

Em contrapartida, exprimir afeto por sua esposa por meio da linguagem do amor *principal* dela é como acertar a bola no ângulo e marcar aquele golaço. É *gostoso demais* e produz resultados impressionantes.

O REINO DO ILÓGICO

A lógica sugere que homens são naturalmente atraídos por mulheres que compartilham da linguagem do amor principal deles: os que apreciam tempo de qualidade procuram quem fala essa linguagem; quem aprecia toque físico só tem olhos para pessoas com essa característica. Em outras palavras, pessoas que compartilham da mesma linguagem do amor expressam afeto com facilidade e desenvoltura para todo o sempre, amém.

Desde quando a lógica tem alguma coisa a ver com o amor?

A verdade é outra: raramente as pessoas se casam com parceiros que compartilham da mesma linguagem do amor. Homens sintonizados em palavras de afirmação se apaixonam por mulheres ligadas em atos de serviço (ou tempo de qualidade ou presentes). Mulheres que vivenciam o amor principalmente por meio de presentes são atraídas por homens que falam a linguagem do tempo de qualidade (ou toque físico ou atos de serviço).

Surge, então, uma barreira de linguagem.

Nos primeiros estágios do relacionamento, época em que ambos vivem embriagados de paixão, talvez não percebam essa barreira. Talvez estejam tão afoitos em agradar um ao outro a ponto de agir de modo diferente do habitual, ou seja, se dispõem a falar uma linguagem do amor que não compreendem. Passam noites inteiras falando de sonhos e projetos, andam de mãos dadas ou abraçados, e trocam presentes pequenos, mas expressivos.

Quaisquer preocupações que surjam a respeito de suas diferenças são imediatamente arrastadas pelo *tsunami* da paixão e do entusiasmo. Resultado: duas pessoas casadas que falam e reagem a linguagens do amor diferentes.

> Mesmo aqueles raros casais que compartilham da mesma linguagem do amor percebem a existência de vários "dialetos" dentro de cada linguagem. Nenhuma pessoa compartilha com outra a mesma linguagem *e* o mesmo dialeto. Nenhuma pessoa exprime e recebe amor exatamente da mesma forma que outra.

Caso isso pareça uma receita para o desastre, pense na sede de alguns clubes de maior sucesso da Liga dos Campeões da UEFA, onde é comum ouvir ao menos três (provavelmente mais) línguas diferentes. Os jogadores desses times sempre *encontram* maneiras de se comunicar. Ou seja, pessoas que buscam o sucesso e a excelência não permitem que a linguagem se transforme em barreira.

Depois da lua de mel

No entanto, os obstáculos são reais. À medida que o relacionamento perde a novidade e a paixão desce das alturas da lua de mel, o casal começa a se acomodar à rotina e cada cônjuge volta aos hábitos com os quais se sente mais à vontade.

O marido que aprecia atos de serviço volta a falar sua "língua nativa" ao exprimir amor por sua esposa: mantém o carro dela sempre limpo e em boas condições; conserta vazamentos pela casa; pinta e decora o quarto exatamente como aquele que ela amou em um programa de televisão sobre casa e decoração.

Embora a esposa (cuja linguagem do amor principal é tempo de qualidade) aprecie as coisas que seu marido lhe faz, ela ainda anseia por aquelas longas conversas dos tempos de namoro, isto é, aqueles momentos plenos de atenção e carinho que alimentam sua alma. Deseja que o marido se comunique por meio da linguagem do amor principal dela. Como isso não acontece, seu "tanque de amor", o reservatório emocional que a faz sentir-se genuinamente amada, apreciada e *conhecida*, começa a esvaziar-se.

O modo como as coisas caminharão a partir daí depende do casal. Alguns atribuirão tudo ao curso natural do amor e do romance e se contentarão com o que sobrar; outros culparão o trabalho ou as pressões do cotidiano; outros, ainda, deixarão que as necessidades não supridas e a frustração supurem e causem conflitos e acusações; outros sofrerão em silêncio, cada um culpando o outro pela situação; outros se convencerão de que cometeram um grande erro em se casar.

Não há como prever com precisão o que acontecerá quando o tanque de amor se esvaziar completamente.

Onde há desafio, há oportunidade

Alguém certa vez comentou que loucura é fazer a mesma coisa repetidamente e esperar resultados diferentes. Nesse caso, muitos cônjuges adotam uma estratégia completamente insana para superar suas barreiras de linguagem. Em vez de procurar outra abordagem, apegam-se cada vez mais à própria linguagem, tentando repetidamente alcançar o outro da única maneira que sabem fazer. Em outras palavras, optam por fazer

> Boas intenções não bastam para fazer um trabalho bem feito.

mais em vez de fazer diferente. Deixam ao encargo do outro traduzir suas atitudes para uma linguagem compreensível.

Não importa que você tenha boas intenções, que esteja se esforçando ao máximo ou imagine que outras mulheres se sentiriam afortunadas por ter um marido como você. Não é possível encher o tanque de amor de sua esposa sem falar a linguagem do amor principal dela.

O caminho para construir um relacionamento *próspero, empolgante, imprevisível, inspirador* e *transformador* é aprender a falar a linguagem do amor principal de sua esposa e aceitar o desafio de tornar-se bilíngue. A boa notícia é que a dificuldade desse processo não chega nem perto da que enfrentamos para aprender um novo idioma. Aqui não há necessidade de se preocupar com conjugação de verbos ou outras regras de gramática.

O desafio de tornar-se fluente em outra linguagem do amor pode ser comparado ao esforço de aperfeiçoar uma tacada de golfe. Quem já teve aulas com um profissional sabe que o primeiro passo é "desaprender" todos os maus hábitos desenvolvidos ao longo dos anos. Em muitos casos, isso significa recomeçar do zero. No início nos sentimos meio sem jeito e tudo parece estranho, fora do esquadro. Aos poucos, porém, as coisas começam a mudar; depois de muitas repetições, os resultados favoráveis aparecem.

O mesmo serve para o aprendizado de uma nova linguagem do amor. Se você é um sujeito focado em atos de serviço, provavelmente não se sentirá à vontade para passar tempo de qualidade com sua esposa. Ao menos não no início. Nesse período, seus esforços parecerão forçados e artificiais.

Entretanto, com a atitude correta — e com as dicas e estratégias descritas nas páginas a seguir — você certamente *dominará* uma segunda linguagem do amor. Você *encherá* o tanque de amor de sua esposa e o manterá cheio; *fará* com que sua esposa se sinta amada de forma singular e espetacular; *experimentará* a sensação de um trabalho bem feito, não apenas como marido, mas também como exemplo para seus filhos e para outros jovens que não vivenciam esse tipo de relacionamento

EQUIPADO PARA O SUCESSO

Memória curta
Nem todas as suas tentativas funcionarão. Na verdade, sua curva de aprendizado talvez seja bastante íngreme. Tenha em mente, porém, que os fracassos de ontem devem permanecer no passado. Hoje é um novo dia.

Criatividade
Nenhuma ideia é absurda demais ou inédita demais se fizer com que sua esposa se sinta amada de verdade. Pensar fora da caixa é altamente recomendável.

Ouvir bons conselhos
Não perca oportunidades de ouvir pessoas que têm um relacionamento invejável. Insista para que revelem seus segredos de sucesso nesse quesito. Depois, analise se podem ser aplicados a você e sua esposa.

Visão
A capacidade para enxergar novas oportunidades de demonstrar amor por sua esposa — e reconhecer se as estratégias antigas ainda funcionam — é um elemento essencial para se tornar bilíngue.

Perseverança
Aprender uma nova linguagem do amor é uma maratona, e não uma corrida de cem metros. Você vai se cansar, vai se desanimar e vai ficar frustrado ao longo do caminho. Não desista. E, quando imaginar que conseguiu dominar a nova linguagem, continue aprendendo e tentando coisas novas. Continue a descobrir novas maneiras de fazer sua esposa se sentir amada.

Oração
Talvez você não seja um homem religioso, mas, quando se trata do seu relacionamento com sua esposa, toda ajuda é bem-vinda. Não tenha medo de pedir que Deus o oriente sobre como satisfazer as necessidades emocionais de sua esposa.

Firmeza
Nada é mais importante que o relacionamento com sua esposa. Seu trabalho principal é aperfeiçoar e proteger esse relacionamento. Mantenha firme esse pensamento e você estará caminhando a passos seguros rumo ao sucesso.

na própria família, inclusive para outros maridos em busca de respostas.

Tornar-se bilíngue nas linguagens do amor é fazer a diferença na vida das outras pessoas.

2

Primeira linguagem do amor:
Como se tornar fluente em palavras de afirmação

O rei Salomão, autor da ancestral literatura hebraica de sabedoria, assim escreveu: "A língua tem poder para trazer morte ou vida" (Pv 18.21).

Muitos imaginam que Salomão estava exagerando quando disse isso, mas, se alguma vez você recebeu um elogio, deve ter percebido o poder da palavra de iluminar a vida. Em contrapartida, caso tenha recebido uma crítica severa em público, deve ter sentido vergonha mortal ante os olhares de desaprovação das pessoas ao redor.

A palavra produz grande impacto.

Se há uma coisa que os filmes mostram claramente é que **a palavra certa, dita na hora certa pela pessoa certa, pode inspirar a realizar o improvável, o impensável e, em alguns casos, o quase impossível.**

Pense em *Rocky 2*, em que Adrian, no leito do hospital, diz: "Quero que faça uma coisa por mim: vença. Vença!".

Pense em *Rudy*, em que Fortune dá uma dura em Rudy para impedi-lo de desistir do time: "Você é baixo, magricela e não tem quase nada de habilidade atlética. E mesmo assim se manteve no melhor time de futebol universitário do país por dois anos! Nesta vida ninguém precisa provar nada para ninguém, exceto para si mesmo!".

Pense em *Momentos decisivos*, em que o discurso motivacional do técnico Dale inspirou a maior reviravolta da história do basquete de Indiana: "Esqueçam-se da multidão, do tamanho da escola e dos uniformes sofisticados deles. Em vez disso, lembrem-se do que temos aqui. Esforcem-se e empenhem-se ao máximo, sejam o melhor que podem ser. Se o fizerem, estou pouco ligando para o placar final. Para mim, já seremos vencedores".

É esse potencial para realizar o bem — o poder da palavra de inspirar, encorajar e edificar — que torna a linguagem das palavras de afirmação uma ferramenta importantíssima em seu casamento.

ELOGIE

Mark Twain comentou certa vez: "Um bom elogio é suficiente para me nutrir por dois meses". Eis aí um cara que conhecia bem a linguagem das palavras de afirmação. Sua percepção chega ao cerne dessa linguagem. Para aqueles que exprimem amor principalmente por meio de palavras de afirmação, elogios e estímulos são mais que mera cortesia social ou conversa educada.

São nutrimento para a alma.

Para essas pessoas, elogios como "Muito bom!", "Você está maravilhosa nesse vestido!" e "Que coisa mais linda!" são muito mais que meras palavras. Quando ouvem isso, na verdade elas estão ouvindo: "Você é muito importante", "Eu amo você", "Você faz toda a diferença".

O *verdadeiro* poder das palavras está em sua capacidade de completar o tanque de amor das pessoas. Caso a linguagem do amor principal de sua esposa seja palavras de afirmação, esse poder está na ponta de seus dedos, ou melhor, de sua língua.

A maneira de exercer esse poder dependerá de sua própria linguagem do amor. Se você for do tipo reservado, caladão, um sujeito que geralmente prefere deixar suas atitudes falarem por si mesmas, aprender a se comunicar por meio de palavras de afirmação pode ser um grande desafio. Mas é certo que, se você não gostasse de desafios, em especial daqueles relacionados ao amor de sua vida, provavelmente não estaria lendo este livro.

É possível se tornar fluente em palavras de afirmação. Eis algumas dicas para ajudá-lo a dar os primeiros passos.

NÃO CONFUNDA ELOGIO COM BAJULAÇÃO

Comecemos do começo: bajulação *não* é um dialeto da linguagem do amor das palavras de afirmação. Embora ambas talvez *soem* semelhantes para um ouvido leigo, há muitas diferenças importantes entre elas. Quanto mais rápido você reconhecer essas diferenças, menos erros de principiante cometerá em seu esforço para se tornar fluente em palavras de afirmação.

Bajulação é uma linguagem de manipulação, de segundas intenções, cujo objetivo é obter algo da pessoa bajulada ou colocar o bajulador em posição vantajosa.

Bajular é coisa de malandro ("E aí, gata, como você tá linda! Tá a fim de dançar?") ou de puxa-saco ("O senhor parece estar em muito boa forma hoje, patrão. Malhou bastante no fim de semana?"). Quanto mais bajulação sua esposa tiver ouvido, mais será capaz de reconhecer — e rejeitar — esse tipo de linguagem. A bajulação carece de um ingrediente essencial: sinceridade. **Para que suas palavras façam a diferença na vida de sua esposa, você deve *acreditar* no que diz.**

> Palavras de afirmação ≠ bajulação.

Ao contrário da superficial bajulação, as palavras de afirmação têm um efeito profundo, pois brotam de um conhecimento íntimo sobre a pessoa que afirmamos — nesse caso, a esposa. As palavras de afirmação, de modo oposto à bajulação, não causam suspeita nem colocam as pessoas na defensiva; não são recebidas com postura agressiva nem são rejeitadas com olhares de desdém.

Brincadeiras à parte

Homens que se sentem especialmente desconfortáveis em comunicar palavras de afirmação podem se sentir tentados a recorrer ao humor para aliviar a tensão.

Resista a essa tentação.

Aquilo que alivia seu desconforto também pode causar dor, embora não intencionalmente, à pessoa que você está tentando afirmar. Isso porque muitas pessoas que se inspiram ou se comovem com palavras de afirmação também são especialmente suscetíveis a se magoar com sarcasmos, insultos e elogios superficiais. Alguns exemplos:

- "Já experimentei comida *pior.*"
- "Pelo menos você tentou."
- "Nada mal... para uma mulher de 35 anos."

Esse tipo de elogio, impensado e insincero, pode causar mais dano do que você imagina e mais dor do que sua esposa talvez admita.

"Só estava brincando" é uma saída demasiado simplória para esse tipo de verbalização jogado na cara de uma pessoa sedenta por palavras de afirmação.

Hora extra para os sentidos

Comunicar amor por meio de palavras de afirmação envolve mais que a boca; implica também usar os olhos, os ouvidos, a memória, a imaginação e muito mais. Para se tornar fluente nessa linguagem do amor, é necessário conhecer — e apreciar — as coisas de que sua esposa gosta. A fim de desenvolver esse apreço, será necessário observar sua esposa. Discretamente, preste atenção às coisas que ela faz e diz, à maneira como ela interage com as pessoas, às tarefas ingratas que ela realiza e ao modo como ela contribui para melhorar sua vida e a de outras pessoas.

Escreva uma lista de suas observações em seu celular ou *tablet* e crie o hábito de acrescentar coisas novas (grandes ou pequenas) todos os dias.

Essa lista pode incluir coisas como:

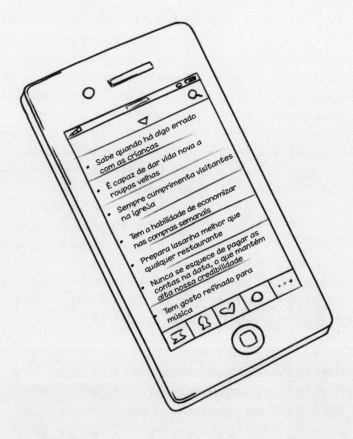

- Sabe quando há algo errado com as crianças
- É capaz de dar vida nova a roupas velhas
- Sempre cumprimenta visitantes na igreja
- Tem a habilidade de economizar nas compras semanais
- Prepara lasanha melhor que qualquer restaurante
- Nunca se esquece de pagar as contas na data, o que mantém alta nossa credibilidade
- Tem gosto refinado para música

Depois de elogiar ou dizer palavras de afirmação com base nessa lista, apague-a. Assim você sempre terá um estoque novo de elogios para usar.

Fofoca do bem

O que é melhor: alguém cumprimentar você por sua participação em um jogo ("Valeu cara, muito bom!") ou entrar no vestiário e ouvir uma rodinha de pessoas comentando e apontando para você ("Puxa, aquele cara jogou um bolão hoje!").

Embora se trate de um elogio em ambos os casos, o segundo cenário traz um quê de fama e notoriedade, o que torna o elogio ainda mais agradável.

Descobrir que as pessoas falam *bem* a seu respeito faz seu dia melhor. Com isso em mente, procure maneiras de transmitir a sua esposa palavras de afirmação por meio de "fofocas". Fale a respeito dela com outras pessoas quando ela não estiver por perto. Divulgue as habilidades e as realizações dela. Ajude os outros a reconhecê-la como a pessoa incrível que é (tudo isso com moderação, obviamente; afinal, você não quer se tornar aquele cara chato que todos evitam por estarem cansados de ouvir a respeito da "esposa perfeita").

> Não esconda dos outros a admiração e o apreço que tem por sua esposa.

Você não será capaz de controlar quais palavras de afirmação alcançarão sua esposa, mas poderá direcionar seus comentários àqueles que certamente têm mais probabilidade de comentar: seus filhos e outros membros da família, amigos em comum, colegas de trabalho dela, ou qualquer outra pessoa que passe bastante tempo com ela.

Uma lição que jamais esquecerão

Quer dar um exemplo poderoso e duradouro para seus filhos? Diga-lhes quanto a mãe deles é maravilhosa. Seja específico, sincero e generoso em seus elogios. Não deixe nenhuma dúvida de quão felizardo você é por ter se casado com ela.

Transmitidas corretamente, suas palavras poderão inspirar seus filhos a repassar afirmações semelhantes à esposa deles quando se casarem — e suas filhas a procurar um marido que faça o mesmo por elas.

Declarar palavras de afirmação em público pode ser de grande ajuda para encher o tanque de amor de sua esposa. Procure oportunidades de elogiá-la quando vocês dois estiverem com amigos ou conhecidos. Por exemplo, durante um jantar com seus colegas de trabalho você poderia dizer: "Esse *tiramisù* está muito gostoso, mas, se eu pudesse escolher qualquer sobremesa do mundo, seria a torta de pêssego da minha esposa".

ONDE SE COSTUMAM OUVIR PALAVRAS ESTIMULANTES

Algumas das melhores oportunidades na vida envolvem riscos, isto é, a possibilidade real de rejeição, vergonha ou fracasso. É preciso muita coragem para jogar os dados e encarar as possíveis consequências. Para aqueles que decidem correr atrás dessas oportunidades, geralmente não falta desencorajamento ao longo do caminho — pessoas dispostas a azarar os planos dizendo que isso ou aquilo não pode ser feito ou nem mesmo tentado. Esses cavaleiros do apocalipse podem ser muito persuasivos, especialmente se não houver ninguém por perto para repelir a influência deles.

Entra em cena o cônjuge incentivador.

Sua esposa provavelmente tem potencial ainda não explorado em uma ou mais áreas da vida, que talvez necessite de uma palavra estimulante para ser liberado. Pode ser que, para desenvolver esse potencial, ela precise se matricular em algum curso ou conversar com pessoas que se saíram bem nessa área e que poderiam ajudá-la a dar o passo seguinte. Suas palavras podem lhe dar a coragem de que ela necessita para o pontapé inicial.

Cabe aqui um esclarecimento: *não* estou recomendando que você pressione sua esposa a fazer algo que *você* queira, e sim sugerindo que a estimule a desenvolver algum interesse que ela já possua. Um marido pode, bem-intencionado, cair na tentação de pressionar sua esposa a procurar um emprego mais rentável, talvez imaginando que assim a encoraja. Entretanto, a menos que ela também tenha esse desejo, as palavras dele soarão como condenação aos ouvidos dela. Caso tenha o desejo e a motivação de procurar um emprego melhor, as palavras do marido serão um grande impulso para ela. Do contrário, serão entendidas como julgamento e gerarão culpa; em vez de comunicar amor, transmitirão rejeição.

Se, contudo, a esposa disser: "Estou pensando em vender docinhos para festas nos finais de semana", o marido terá a oportunidade de comunicar algumas palavras de incentivo ("Meu bem, se você fizer isso, só tenho uma coisa a dizer: vai ser um sucesso total! Uma das coisas que admiro em você é que, quando se dispõe a fazer alguma coisa, você vai e faz. Pode contar comigo. Farei tudo o que estiver ao meu alcance para ajudá-la"). Esse tipo de conversa poderá dar a ela coragem para começar a criar uma lista de possíveis clientes.

Transmitir encorajamento exige empatia, isto é, exige que enxergue o mundo pela perspectiva de sua esposa. É necessário, primeiro, descobrir o que é importante para ela; somente depois disso você será capaz de incentivá-la. O propósito do estímulo verbal é transmitir as seguintes ideias: "Eu sei", "Eu me importo", "Estou com você", "Como posso ajudar?". Trata-se de um elogio e, ao mesmo tempo, de uma demonstração de que você acredita em sua esposa e na capacidade dela.

A maioria de nós tem mais potencial do que chegará a desenvolver. O que nos impede, geralmente, é a falta de estímulo. O cônjuge amoroso pode suprir esse catalisador importantíssimo.

A MANEIRA CORRETA DE COMUNICAR
O QUE DESEJAMOS DIZER

Tornar-se fluente em palavras de afirmação exige mais que simplesmente elogiar e incentivar; também implica comunicar-se por meio de atitudes e tom de voz indiscutivelmente amorosos. E como é isso na prática? Para começar:

O amor é gentil.

Não se trata de um desses bordões sentimentais que se leem em cartões comemorativos. A gentileza é essencial para um relacionamento saudável. **Falar gentilmente com sua esposa significa harmonizar palavras e tom de voz.** Parece simples, mas pode ser um desafio para os homens, muitos deles condicionados desde a infância a usar a palavra como arma. O sarcasmo flui naturalmente em nós e é comum usarmos insultos em tom amigável (e às vezes nem tanto) para demonstrar insatisfação. Por exemplo, quando estamos na frente do gol e um companheiro de time faz um passe torto, mandando a bola para a arquibancada, é preciso muita força de vontade para evitar comentários como: "Bela jogada, hein?".

Conforme mencionei anteriormente, aquilo que para algumas pessoas parece uma cutucada espirituosa pode produzir efeito muito diferente em alguém cuja linguagem do amor principal é a comunicação autêntica e sincera. Para sua esposa, essa estratégia parecerá tudo, menos gentileza.

Manter a atitude e o tom de voz corretos é especialmente importante se você estiver irritado ou com raiva. Por exemplo, se disser: "Que delícia lavar louça" em tom impregnado de sarcasmo, sua esposa sem dúvida *não* interpretará como expressão de amor, mesmo que você deixe as panelas brilhando. Em contrapartida, se disser algo como: "Fiquei chateado de você não ter se oferecido para me ajudar com a louça" — em tom gentil e sincero —, poderá ser interpretado como expressão de amor.

Seu tom de voz e sua atitude comunicam a sua esposa que você deseja ser conhecido por ela. Você constrói a intimidade por meio da verbalização de seus sentimentos. Pede uma oportunidade de conversar a respeito de uma mágoa específica com o propósito de curá-la. As mesmas palavras, ditas em tom alto e áspero, não serão recebidas como demonstração de amor, mas como expressão de condenação e julgamento.

Quanto mais estressante a situação, maior o impacto da gentileza. Quando sua esposa estiver nervosa, aborrecida e metralhando palavras provocativas para todo lado, procure responder com um tom de voz calmo e gentil. Preste atenção ao que ela diz a respeito das emoções e dos sentimentos dela. Permita que ela exprima suas mágoas, sua raiva e sua percepção dos acontecimentos. Faça um esforço para colocar-se no lugar dela e enxergar a situação do ponto de vista dela. Comunique, de forma gentil e carinhosa, que você entende a razão de ela sentir-se daquela maneira. Caso tenha sido injusto com ela, disponha-se a confessar seu erro e pedir perdão. Se sua motivação tiver sido diferente daquilo que ela interpretou, explique com calma o verdadeiro motivo de suas ações. **O objetivo é buscar compreensão e reconciliação, e não provar seu ponto de vista ou sua superioridade.**

Há mais um princípio a ser aplicado em nossos esforços para nos tornamos fluentes no dialeto de gentileza das palavras de afirmação: o amor não mantém registro dos erros e não joga na cara as falhas do passado.

Nem sempre agimos corretamente no casamento. Algumas vezes, dizemos coisas que magoam a esposa. O passado, como todos sabem, é inalterável. Tudo o que nos resta, então, é admitir que agimos mal, confessar o erro, pedir perdão e procurar agir de maneira diferente no futuro. Depois de nos desculpar e pedir perdão, podemos nos perguntar se há algo mais a fazer para aliviar a mágoa que causamos à esposa. Quando minha esposa age de forma errada comigo e me pede desculpas e perdão, tenho a opção de perdoá-la ou de condená-la. Caso opte pela última atitude (fazê-la pagar pelo erro cometido), coloco-me no lugar de juiz e a trato como ré. A intimidade se torna impossível. Mas, se eu optar por perdoá-la, a intimidade poderá ser restaurada. O perdão é o caminho para o amor.

Fico espantado com a quantidade de pessoas que estragam o presente relembrando atitudes do passado. Essa turma insiste em trazer à tona os erros do passado e acaba arruinando o dia potencialmente maravilhoso de hoje. "Não acredito que você fez isso comigo! Jamais esquecerei esse dia. Você não tem ideia de quanto me magoou. Como consegue ficar aí sentada tão tranquilamente depois do que fez? Você deveria estar se arrastando de joelhos e implorando meu perdão. Nem sei se conseguirei perdoar você algum dia". Essas são palavras duras de amargura, ressentimento e vingança, e não de amor. A melhor coisa a fazer com os erros passados é deixá-los no passado. Sim, ofensas foram cometidas, certamente magoaram muito e talvez ainda causem dor. No entanto, sua esposa reconheceu que errou e pediu perdão. Não é possível apagar o passado, mas é possível aceitá-lo como história. É possível, por decisão própria, viver o dia de hoje livre dos erros de ontem.

O perdão não é um sentimento, mas um compromisso de demonstrar misericórdia, de não atribuir culpa ao ofensor. Perdoar é uma expressão de amor. "Amo você e me importo com você. Portanto, quero perdoá-la. Embora eu ainda tenha um sentimento de mágoa, não permitirei que seja um obstáculo entre nós. Espero que possamos aprender com a experiência. Você não é uma fracassada porque fracassou. Você é minha esposa e seguiremos juntos a partir daqui." Essas são palavras de afirmação exprimidas no dialeto da gentileza.

> Alerta de *spoiler*: nenhum homem é perfeito.

UM POUCO DE HUMILDADE SEMPRE FAZ BEM

O último dialeto das palavras de afirmação é a humildade. O amor pede, e não exige. Quando exijo coisas da minha esposa, transformo-me em pai e faço dela a criança. No casamento, porém, somos igualmente parceiros e adultos, embora imperfeitos.

Para se desenvolver um relacionamento íntimo, é necessário conhecer os desejos um do outro.

Entretanto, a maneira como exprimimos esses desejos é extremamente importante. Expressar-se por meio de exigências destrói o potencial de intimidade e afasta o cônjuge. Em contrapartida, exprimir desejos e necessidades em forma de pedidos equivale a dar orientações em lugar de ultimatos. Quando o marido diz: "Que tal preparar aquele macarrão gostoso para este fim de semana?", está orientando sua esposa a amá-lo do jeito que ele gosta e, portanto, construindo intimidade. Por outro lado, se disser: "Quando teremos uma refeição decente nesta casa?", estará exibindo um comportamento adolescente com sua exigência. A esposa desse marido provavelmente retrucará: "Não está gostando da comida? Cozinhe você!".

Expressar-se por meio de solicitações equivale a apreciar o valor e as habilidades de sua esposa. É uma forma de indicar que ela tem algo valioso para você ou que é capaz de realizar algo que você considera importante. Exigir, em contrapartida, é uma forma de tirania, não de parceria. Nesse caso, sua esposa não se sentirá apreciada, mas humilhada.

O pedido introduz o elemento da escolha, isto é, sua esposa pode escolher atender a seu pedido ou rejeitá-lo. Afinal, amar é sempre uma escolha, e exatamente por isso o amor é valioso. Saber que minha esposa me ama o suficiente para atender a meu pedido transmite a mensagem emocional de que ela me respeita, me admira e deseja fazer algo para me agradar. Não é possível obter amor emocional por meio de exigências. Ela poderia até atender a uma exigência minha, mas não seria expressão de amor. Seria uma reação de medo, culpa ou outra emoção negativa. O pedido cria a possibilidade de atos de amor. A exigência sufoca essa possibilidade.

Quanto mais você aplicar esses princípios básicos em sua interação cotidiana com sua esposa, mais fluente você se tornará e mais mudanças para melhor ocorrerão em seu relacionamento.

34 | As 5 linguagens do amor para homens

Expressões básicas de
PALAVRAS DE AFIRMAÇÃO

Dedicação e prática poderão transformá-lo em um homem fluente em palavras de afirmação. Apesar disso, talvez você necessite de alguma ajuda — ideias para usar quando tiver dificuldade de encontrar soluções. A seguir, algumas sugestões para momentos assim.

- Em vez de dizer "Você está bonita", diga "Essa cor ficou muito bem em você" ou "Seu cabelo ficou maravilhoso desse jeito". **Elogie um atributo físico diferente** a cada dia da semana.

- **Crie o hábito de mencionar algo específico que você observou** e que tem a ver com ela. Por exemplo: "Fiquei impressionado com o modo como você conversou com aquela senhora depois do culto" ou "Gosto muito quando caminhamos juntos. Você sempre aponta coisas interessantes para observarmos".

- Inicie conversas com o propósito de incentivá-la a compartilhar sonhos e desejos. **Comece uma campanha de afirmação verbal com o intuito de encorajá-la** a dar os primeiros passos para transformar esses sonhos em realidade.

- Acrescente suas observações **para ajudá-la a identificar as habilidades e os pontos fortes dela.** Por exemplo: "Você nunca mencionou interesse em lecionar, mas, a julgar pela maneira como lida com nossos filhos, creio que seria uma ótima professora".

- Se você tem inclinação artística, **crie ou imprima um cartaz com o nome dela no centro,** rodeado de palavras descritivas, frases e nomes especiais que você usa para se referir a ela. Caso não seja tão inclinado à arte, utilize recortes de revistas e jornais antigos e faça colagens compondo mensagens de afirmação para ela.

- **Crie uma lista de música para sua esposa.** Dê uma de DJ e explique a razão de cada música da lista.

- Envie um *e-mail* encorajador, especialmente quando souber que ela está enfrentando um dia difícil. Coloque um *link* para um *site* divertido.

- Pense nas discussões ou problemas mais recentes que vocês tiveram e **procure resolver a situação.**

- Aprenda a dizer **"Eu te amo" (ou expressões de afirmação** semelhantes) em outra língua.

- **Agradeça-lhe por algo que ela faz rotineiramente** e pelo que provavelmente não esperava ser elogiada.

3

Segunda linguagem do amor:
Como se tornar fluente em tempo de qualidade

O tempo pode ou não ser o recurso mais importante que possuímos. (Uma pessoa que está se descabelando para quitar as prestações da casa própria ou tentando encontrar maneiras de pagar as mensalidades da faculdade provavelmente colocaria o dinheiro no topo da lista.) Entretanto, o tempo é um recurso *único* dentre todos os nossos bens.

Todos os dias, cada ser humano sobre a face da terra recebe a mesma quantidade de tempo que os demais: 24 horas, ou 1.440 minutos, ou ainda 86.400 segundos.

Ao final do dia, cada pessoa esgota a quantidade de horas que recebeu. Logo, o tempo não pode ser adiado nem acumulado. Uma vez usado, já era.

Além disso, o tempo não pode ser tomado à força nem transferido para outra pessoa. Ninguém pode acumular tempo e depois vender. Ou seja, quem tem tempo sobrando não pode vendê-lo. Trata-se de um sistema impossível de fraudar, infiltrar ou adulterar.

Também não é possível cambiar ou reembolsar.

E, além de o tempo ser extremamente limitado, há uma demanda insana por ele. Basta refletir sobre as coisas que competem por seu tempo.

Emprego.

Exigências e oportunidades depois do expediente.

Trânsito.

Academia.

Responsabilidades como amigo, vizinho, membro da igreja e cidadão consciente.

Programação dos filhos (jogos, recitais, aulas de natação etc.).

Momentos de lazer e diversão.

Necessidade de sono e descanso.

São tantas as opções, e há tão pouco tempo para explorá-las.

Ninguém compreende essa verdade melhor que aqueles cuja linguagem do amor principal é tempo de qualidade.

Caso você esteja casado com uma esposa cuja linguagem do amor é tempo de qualidade, deveria sentir-se pelo menos um pouco lisonjeado, pois sua esposa não está procurando palavras de afirmação, atos de serviço ou mesmo presentes: ela quer somente você. Ela experimentará amor e afeição (isto é, se sentirá genuinamente amada) simplesmente dividindo com você um pouco do seu precioso tempo. Basta meia hora aqui, meia hora ali, ou ainda um fim de semana juntos de vez em quando para que o tanque de amor dela esteja cheio.

Desde que seja o tipo certo de tempo.

O TIPO CERTO DE TEMPO

Qualidade é a palavra-chave. Quando falo de "qualidade", estou me referindo a alguma coisa de alto valor. Dizer que uma pessoa realiza um trabalho de qualidade significa dizer que ela trabalha muito bem, sem desleixo. Por exemplo, um mecânico que não pula etapas ao consertar uma peça ou não desiste enquanto não encontra o problema.

Pessoas que realizam trabalho de qualidade são aquelas que ultrapassam as expectativas, permanecem focadas na tarefa diante delas e não desistem quando as coisas não funcionam.

Essa mesma definição se aplica ao tempo de qualidade que você passa com sua esposa. Quando estiver com ela, tenha certeza de oferecer-lhe o melhor de si. Como fazê-lo?

ATENÇÃO TOTAL

O segredo para se tornar fluente na linguagem do amor do tempo de qualidade é adotar a atitude mental correta. E a chave para essa atitude é: prestar atenção.

Alguns maridos e esposas acreditam que estão passando tempo juntos quando, na realidade, estão apenas dividindo o mesmo espaço. Embora morem na mesma casa, não estão juntos. O marido que gosta de checar mensagens no celular enquanto sua esposa tenta conversar com ele não está passando tempo de qualidade com ela, pois não lhe dedica atenção total.

Isso não significa que tempo de qualidade seja gastar os momentos que estão juntos fitando os olhos um do outro. Na verdade, significa fazer alguma coisa juntos enquanto dedicam atenção total um ao outro. Nesse caso, o programa escolhido é meramente circunstancial. Em termos emocionais, o mais importante é terem um tempo juntos sem dispersar o foco. A atividade é apenas um meio de criar esse sentimento de proximidade.

Marido e esposa que jogam tênis juntos, supondo que isso seja um tempo de qualidade genuíno para ambos, não se concentram no jogo, mas no fato de estarem na companhia um do outro. O que importa nesses momentos é a ligação emocional. Passar tempo realizando juntos alguma atividade é uma forma de comunicar que se importam um com o outro, que gostam de estar na companhia um do outro, que apreciam fazer coisas juntos.

Trazendo a qualidade para a conversa

A exemplo das palavras de afirmação, o tempo de qualidade também tem muitos dialetos. Um dos mais comuns é a conversa de qualidade, isto é, aquele diálogo genuíno em que ambos compartilham experiências, pensamentos, sentimentos e desejos em um contexto amigável e sem interrupções. Ter uma conversa de qualidade equivale a:

- Concentrar-se na esposa.
- Ouvir com empatia aquilo que ela tem a dizer.
- Fazer perguntas, não como um interrogatório, mas com interesse autêntico de compreender quem ela é.

A maior parte das pessoas que reclama de um cônjuge silencioso não está dizendo que, literalmente, ele nunca diz nada, e sim que raramente participa de diálogos. Caso a principal linguagem do amor de sua esposa seja tempo de qualidade, esse tipo de diálogo é importantíssimo para que ela mantenha a percepção emocional de ser amada.

Lembro-me até hoje das palavras dramáticas de Patrick, um sujeito de 43 anos casado havia dezessete, que veio ao meu consultório e, depois de uma breve introdução, olhou para mim e disse, comovido:

— Dr. Chapman, eu sou um idiota, um verdadeiro idiota.

— E o que o levou a essa conclusão? — perguntei.

— Depois de dezessete anos de casamento, minha esposa me deixou — ele respondeu. — Só agora percebi que agi como um idiota.

Reformulei minha pergunta inicial:

— Em que sentido você agiu como um idiota?

— Minha esposa voltava para casa depois do trabalho e começava a falar a respeito dos problemas dela no escritório — explicou ele. — Depois de ouvi-la, eu opinava a respeito do que ela deveria fazer. Sempre lhe dei conselhos e lhe pedi que confrontasse o problema: "Os problemas não desaparecem sozinhos. Converse com a pessoa envolvida ou com seu chefe. Você precisa resolver o problema". No dia seguinte ela voltava para casa e mencionava os mesmos problemas. Eu perguntava se havia feito o que aconselhei no dia anterior; ela sacudia a cabeça e dizia que não. Então eu repetia o conselho e tornava a dizer que aquele era o caminho para lidar com a situação. No dia seguinte, a mesma coisa. Novamente eu perguntava se ela havia buscado resolver o problema conforme eu havia sugerido, e novamente ela balançava a cabeça e dizia que não.

Em seguida, disse:

— Depois de três ou quatro noites, fiquei com raiva e lhe disse que não esperasse nenhuma compreensão de minha parte caso não estivesse disposta a seguir meus conselhos. Não havia nenhuma necessidade de ela viver debaixo de toda aquela pressão e estresse, pois poderia ter resolvido o problema simplesmente fazendo o que eu lhe havia recomendado.

Eu estava muito triste por vê-la sofrer daquele jeito, especialmente porque não havia necessidade nenhuma de passar por aquilo. Mais tarde, quando ela voltou a mencionar o mesmo problema, eu disse: "Não quero mais saber disso. Já falei o que você precisa fazer. Se não está disposta a seguir meu conselho, não quero mais ouvi-la falar desse assunto". Então saí de perto dela e fui cuidar das minhas coisas. Agora percebo que ela não queria conselhos quando falava dos problemas que enfrentava no trabalho. Queria apenas companhia; queria que eu a ouvisse, que lhe desse atenção, que compreendesse a frustração, o estresse, a pressão. Queria saber que eu a amava e que estava ao lado dela. Não queria sugestões, mas apenas empatia. No entanto, eu nunca procurei entender, pois estava muito ocupado apresentando soluções. E agora ela se foi.

Por fim, ele perguntou:

— Por que não percebemos essas coisas na hora em que acontecem? Eu estava totalmente cego. Só agora vejo quanto falhei com ela.

A esposa de Patrick estava implorando por conversa de qualidade. Ela desejava que seu marido dedicasse atenção a ela por meio da atitude de ouvir o relato de sua dor e frustração. Patrick não se concentrou em ouvir, mas em falar. Ouviu apenas o necessário para formular soluções, e não o suficiente para perceber o clamor dela por apoio e compreensão.

Quem ousaria atirar a primeira pedra?

A verdade é que muitos de nós, homens, agimos como Patrick. Somos treinados para analisar problemas e encontrar soluções. Perdemos de vista o fato de que o casamento é um relacionamento, e não um projeto a ser completado ou um problema a ser resolvido. E todo relacionamento exige a atitude de ouvir com empatia a fim de compreender os pensamentos, sentimentos e desejos do outro. Não é errado fornecer conselhos, mas só quando são requisitados e nunca em atitude de condescendência.

A maioria de nós tem pouco treinamento em ouvir. Em contrapartida, somos muito hábeis em pensar e falar. Essa incapacidade de ouvir será difícil de disfarçar caso a linguagem do amor principal de sua esposa seja tempo de qualidade e o dialeto favorito dela seja conversa de qualidade. Felizmente, ouvir é uma habilidade que se pode adquirir com certa rapidez (embora sejam necessários anos para dominá-la completamente). Eis algumas dicas práticas para ajudá-lo a começar:

1. Olhe nos olhos de sua esposa quando ela estiver falando. Isso impedirá sua mente de divagar e mostrará a ela que você está dedicando atenção total.

2. Não faça outra coisa enquanto ouve sua esposa. Lembre-se, tempo de qualidade significa dedicar atenção total um ao outro. Caso não seja possível interromper aquilo que você estiver fazendo no momento, diga a sua esposa. Uma forma positiva de explicar essa situação seria: "Eu sei que você está tentando conversar comigo e estou interessado em ouvir, mas agora não posso. Dê-me dez minutos para terminar o que estou fazendo e então poderei dedicar atenção total a você". A maioria das esposas respeitará esse pedido honesto.

3. Preste atenção aos sentimentos. Ao ouvir sua esposa, procure descobrir qual sentimento ela está vivenciando. E, quando achar que encontrou a resposta, confirme com ela. Por exemplo: "Parece que você está decepcionada porque esqueci de...". Isso dará a sua esposa a oportunidade de esclarecer o que está sentindo e, ao mesmo tempo, demonstrará que você está ouvindo com atenção o que ela diz.

4. Observe a linguagem corporal. Punhos fechados, mãos trêmulas, lágrimas, sobrancelhas franzidas e movimento dos olhos podem fornecer pistas a respeito dos sentimentos dela. Algumas vezes a linguagem corporal fala uma coisa enquanto os lábios dizem outra. Peça que ela esclareça o que está pensando ou sentindo e tenha certeza de que compreendeu.

5. Não interrompa. Ao dedicar atenção total a sua esposa, contenha o desejo de se defender, de acusá-la ou de insistir em seu posicionamento. O objetivo é descobrir o que ela está pensando e sentindo.

Abra-se

Ter uma conversa de qualidade requer não apenas empatia para ouvir, mas também a capacidade de se abrir. Quando uma esposa diz: "Gostaria que meu marido falasse mais; nunca sei o que ele está pensando ou sentindo", está pedindo por intimidade. Ela deseja sentir-se mais próxima do marido, mas como se sentir próximo de alguém que é um poço de silêncio?

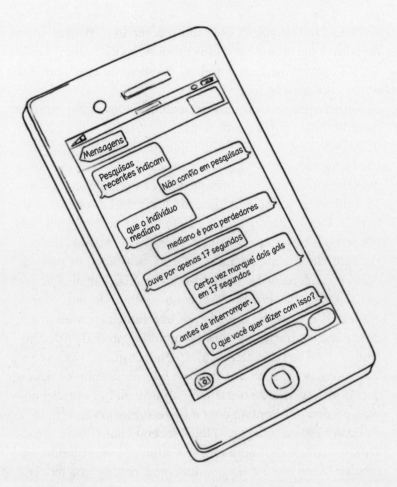

Para que ela se sinta amada, o marido terá de aprender a se revelar. Caso a linguagem do amor principal dela seja tempo de qualidade (e o dialeto preferido seja conversa de qualidade), só terá completado o tanque emocional quando o marido compartilhar seus pensamentos e sentimentos.

Imagine uma partida de tênis em que um dos jogadores fica parado, apenas olhando, enquanto o segundo jogador marca um *ace* após o outro. Tédio total! Porém, se o segundo jogador fizer uma *devolução*, o jogo começa a ficar interessante. Saque e voleio, saque e voleio, cada um recebendo os pensamentos do outro e devolvendo com sua própria modificação. Quando menos esperar, você se perceberá no meio de uma conversa longa e gratificante.

Quem dera a conversa de qualidade fosse tão simples quanto rebater um saque de tênis.

Revelar-se é um desafio para muitos homens. Alguns foram educados sem estímulo para expressar sentimentos e pensamentos. Pedir um brinquedo, por exemplo, era a deixa para uma aula a respeito do estado lastimável das finanças da família. Depois do sermão, o garoto saía se sentindo culpado por seus desejos e, com o tempo, aprendeu a não os verbalizar. Quando ele ficava com raiva, os pais reagiam com palavras duras e condenatórias, levando-o a assimilar a mensagem de que se zangar não era um sentimento apropriado. Se a criança era levada a sentir-se culpada por exprimir frustração diante de alguma contrariedade (por exemplo, ser proibido de acompanhar o pai ao supermercado), aprendia a guardar essas frustrações em seu íntimo. Ao chegar à fase adulta, muitos de nós dominamos a arte de negar os sentimentos. Em outras palavras, perdemos o contato com nosso eu emocional.

Caso a esposa indague: "Fiquei sabendo que o Steve aprontou uma com você; como está se sentindo?", se o marido responder: "Acho que Steve agiu muito mal, pois deveria ter...", ele não estará comunicando seus sentimentos, mas apenas verbalizando pensamentos. Talvez tenha motivos para se sentir magoado, zangado ou decepcionado, mas viveu tanto tempo no mundo do abstrato que perdeu a capacidade de reconhecer seus sentimentos. Caso essa situação corresponda a seu perfil, aprender o dialeto da conversa de qualidade será tão difícil quanto aprender mandarim. O primeiro passo é voltar a ter contato com seus sentimentos, isto é, readquirir o entendimento de que você é um ser emocional, apesar de ter suprimido essa área de sua vida.

Um passo muito importante é prestar atenção às emoções que você sente quando está longe de casa. Carregue um bloco de anotações no bolso e pergunte-se, ao menos três vezes por dia: "Que emoções senti nas últimas três horas?". Faça questionamentos específicos: "O que senti quando aquele cara colou atrás de mim enquanto dirigia para o trabalho hoje cedo?", "O que senti quando o frentista derramou gasolina na lateral do meu carro?", "O que senti quando meu chefe exigiu que eu terminasse o projeto em três dias, embora o prazo original fosse de duas semanas?".

Escreva esses sentimentos em seu bloco de anotações e acrescente uma ou duas palavras para ajudá-lo a lembrar-se dos incidentes que desencadearam esses sentimentos. Por exemplo:

Acontecimento	Sentimento
Motorista colado atrás de mim	Com raiva
Frentista derramou gasolina	Muito aborrecido
Entregar o projeto em três dias	Frustrado e ansioso

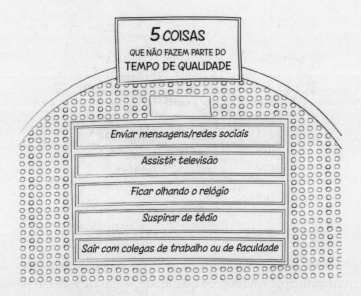

Faça esse exercício três vezes ao dia e você começará a desenvolver uma percepção de sua natureza emocional. Use seu bloco de anotações para comunicar a sua esposa essas emoções (e os acontecimentos que as geraram) o maior número de vezes possível. Em poucas semanas você se sentirá mais confortável em expressar suas emoções a ela e, com o tempo, em conversar com ela e com seus filhos a respeito dos sentimentos associados a incidentes que surgirem no lar. Lembre-se de que as emoções em si não são más nem boas, mas apenas reações psicológicas aos acontecimentos da vida.

Atividades de qualidade

Outro dialeto do tempo de qualidade são atividades de qualidade. Em uma palestra recente, pedi a alguns casais que completassem a seguinte frase: "Sinto-me mais amado(a) por meu cônjuge quando ele(a) _____".
Eis a resposta de um marido de 29 anos que é casado há oito anos.

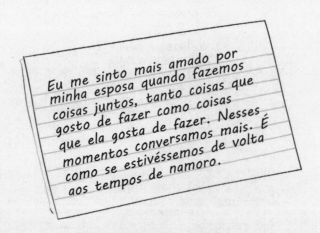

Essa é uma resposta típica de pessoas cuja linguagem do amor principal é tempo de qualidade. A ênfase está em passar tempo juntos, fazer coisas juntos, prestar atenção total um ao outro.

Atividades de qualidade podem incluir qualquer coisa em que um ou ambos tenham interesse. A ênfase não é a atividade em si, mas o *motivo* de fazê-la. O propósito é ter uma experiência juntos, é fazer sua esposa voltar para casa pensando: "Ele se importa comigo, ele estava disposto a fazer algo de que eu gosto, e participou sem parecer aborrecido ou entediado". Isso é amor e, para algumas pessoas, é a forma de amor que fala mais alto.

Atividades de qualidade podem incluir coisas como trabalhar no jardim, visitar museus, ir a um concerto, treinar para uma corrida ou convidar um casal de amigos para uma *pizza* em casa. As possibilidades são limitadas somente pelo interesse e disposição de cada um de buscar novas experiências. Existem apenas três aspectos essenciais para uma atividade de qualidade:

- Ao menos um de vocês tem o desejo de participar.
- O outro está disposto a participar.
- Ambos entendem o *motivo* da atividade, que é demonstrar amor por meio da companhia mútua.

Um dos resultados da atividade de qualidade é a criação de um banco de memórias para o futuro. Vocês serão um daqueles casais que se lembram de caminhadas na praia ao nascer do sol, de flores que plantaram juntos na primavera, do dia em que se emaranharam em urtigas enquanto corriam atrás de um coelho no meio da floresta, da noite em que foram ao estádio assistir à final do campeonato, da viagem que terminou antes da hora por causa de uma perna quebrada depois de uma tentativa de aprender a esquiar, da sensação de ficar deslumbrado ao encontrar uma cachoeira belíssima ao final de uma longa trilha — sem falar nas visitas a museus, catedrais, parques etc. Tudo isso são memórias de amor, especialmente para a pessoa cuja linguagem do amor é tempo de qualidade.

Onde encontrar tempo para essas atividades, especialmente se ambos trabalham fora? *Reservando* tempo, assim como fazemos com o almoço ou o jantar. Afinal, trata-se de algo tão essencial

> O tempo de qualidade é recompensado em forma de memórias.

para o casamento quanto o alimento para a saúde. Por certo, não é algo fácil de fazer. É provável que exija muito planejamento e, quem sabe, abrir mão de algumas atividades pessoais — e isso em troca de um programa que talvez não seja o mais interessante do mundo. Entretanto, sem dúvida valerá muito a pena, pois resultará no prazer de viver com uma esposa que se sente amada e na alegria de saber que você aprendeu a falar a linguagem do amor dela fluentemente.

Expressões básicas de
TEMPO DE QUALIDADE

Parabéns por aprender a falar a linguagem do amor tempo de qualidade! Não se espera que alguém seja capaz de dominar uma nova língua da noite para o dia. Entretanto, para aqueles momentos em que nenhuma boa ideia vem à mente, eis algumas sugestões.

- Respeite as tendências "matutinas" ou "notívagas" de sua esposa. **Planeje o tempo de qualidade de acordo com a agenda dela.** Ajuste o despertador para tocar mais cedo ou tome café para ficar acordado até tarde — enfim, o que for necessário para que ela perceba que vocês estão passando um tempo especial na companhia um do outro.

- **Sacrifique algo de que você gosta para passar mais tempo com sua esposa.** Abra mão de uma partida de futebol com os amigos no sábado; deixe de participar por algum tempo dos programas recreativos da igreja nas tardes de domingo; agende compromissos profissionais não essenciais para outra data. Essas são maneiras poderosas de transmitir a sua esposa a ideia de que ela é mais importante para você que qualquer outra coisa.

- **Façam listas do tipo "Os dez melhores momentos que passamos juntos".** Ao terminar, comparem para ver quantos episódios coincidem.

- Muitos homens precisam aprender a prestar mais atenção. **Caso seja difícil se concentrar em uma única coisa, pratique:** ouça as conversas entre seus filhos, ouça atentamente o sermão de domingo do começo ao fim, ouça uma música prestando atenção à letra, sem deixar a mente divagar.

- Alguns casais passam mais tempo juntos que outros. Se esse for seu caso, não tente transformar todos os momentos juntos em "tempo de qualidade". **Planeje momentos e lugares específicos para isso.**

- Caso sua esposa seja muito atarefada, **ajude-a de vez em quando em uma ou mais tarefas que ela não gosta de fazer e que tomam tempo,** como pagar as contas, fazer compras, colocar os filhos para dormir etc. Desse modo, você poderá liberá-la para ter mais tempo de qualidade.

- **Encontre uma atividade de que você gosta e que complemente alguma coisa de que sua esposa gosta,** a fim de que passem tempo juntos. Caso ela goste de ir à academia e você, de jogar no computador, ambos terão pouco tempo de qualidade juntos. Contudo, se você estiver disposto a ir à academia com ela ou pensar em outra atividade que poderiam fazer juntos — um curso de cozinha *gourmet*, por exemplo —, você estará acrescentando uma nova dimensão ao seu relacionamento.

- Se já tiverem saído da fase de recém-casados, é provável que grande parte do tempo e das conversas de vocês seja voltada para a rotina diária: levar o cachorro ao veterinário, limpar a casa, pagar contas. Fique atento a isso, a fim de **impedir que seu tempo e relacionamento sejam engolidos pela rotina.**

52 | As 5 linguagens do amor para homens

- Surpreenda sua esposa com dois ingressos para um filme de que você sabe que ela vai gostar. Depois do cinema, leve--a para jantar e peça a opinião dela sobre o filme.

- Caso vocês tenham o hábito de orar juntos, acrescente um tempinho só para ficarem juntos. Em outras palavras, **enquanto passam tempo de qualidade com Deus, aproveitem para passar tempo de qualidade um com o outro.**

- Se sua agenda permitir, procure oportunidades para "enforcar" uma sexta-feira ou uma segunda-feira. **Deixe de lado o que você havia planejado para esses dias e faça alguma coisa (qualquer coisa) espontânea.**

- **Escolha livros para ela ler, e vice-versa.** Escolham uma página ou capítulo para lerem individualmente e depois conversem sobre o conteúdo durante o tempo de qualidade juntos. Ou leiam em voz alta um para o outro.

- Viagens de carro geralmente são boas oportunidades para casais conversarem. Portanto, **façam viagens longas.** Você poderia levá-la para almoçar ou jantar em uma cidade próxima e retornar no mesmo dia.

- Caso estejam sem assunto, **aprendam a apreciar o silêncio juntos.** Separe um tempo para ficarem em silêncio enquanto observam o pôr do sol ou percorrem uma trilha na floresta.

- Já que as tarefas de casa têm mesmo de ser feitas, por que não fazer do tempo dedicado a elas um tempo para conversa de qualidade? **Dividam as tarefas** (por exemplo, enquanto um lava a louça, o outro seca e guarda) **e conversem enquanto isso.**

4

Terceira linguagem do amor:
Como se tornar fluente em presentes

Erik passou um ano inteiro apenas "na amizade" com Kelsey antes de ela concordar em sair com ele. Como ambos eram fãs de beisebol, Erik marcou o primeiro encontro deles para assistirem a um jogo do Indianapolis Indians. O estádio dos Indians, um time de segunda divisão, permite que os torcedores se sentem ao redor do gramado em vez de nas arquibancadas. Erik e Kelsey estavam jantando em estilo piquenique, próximo à cerca esquerda do campo, quando o jogador da primeira base atirou uma bola curvada na direção deles. Erik deu um salto e, pela primeira vez na vida, conseguiu apanhar uma bola que havia saído de jogo.

Dois dias depois, Kelsey encontrou um pacote embrulhado para presente na porta do seu dormitório. Dentro havia uma caixa de plástico (dessas utilizadas por colecionadores) com uma bola de beisebol no centro e, ao lado, dois canhotos de ingresso. A bola estava inscrita com a data do jogo e as seguintes palavras:

Primeira vez que apanhei uma bola em jogo.
Segunda melhor coisa que me aconteceu nesse dia.

Erik e Kelsey se casaram dois anos depois daquele primeiro encontro. Hoje, passados quinze anos, a bola ainda está guardada na caixa, bem ao lado da cama, na mesa de cabeceira, onde ela a vê todos os dias. Recentemente uma das amigas de

54 | As 5 linguagens do amor para homens

Kelsey lhe perguntou qual seria a primeira coisa que ela pegaria se houvesse um incêndio na casa. O que ela respondeu?

"A bola de beisebol que Erik me deu."

Embora não valha mais que um dólar, talvez um dólar e meio, em um brechó, Kelsey não se desfaria daquela bola nem por mil vezes esse valor.

Caro leitor, eis o valor de um presente bem pensado.

A CARROÇA E O CAVALO

Caso a linguagem do amor de Kelsey fosse palavras de afirmação, ou tempo de qualidade, ou atos de serviço, ou ainda toque físico, o presente de Erik provavelmente seria recebido com cara de paisagem ou um agradecimento com sorriso amarelo. Erik, porém, apostou na linguagem dos presentes e tirou a sorte grande.

Kelsey ficou abismada com o fato de Erik tê-la presenteado com aquela bola tão especial, de ter escrito um bilhete amoroso comemorando a data do primeiro encontro deles como casal e, ainda por cima, ter empacotado em um formato visível *e* protegido. E tudo isso pensando nela.

O fato de Erik ter falado a linguagem do amor dela desde o início do relacionamento levou Kelsey a acreditar que talvez houvesse encontrado o amor de sua vida. E foi o que aconteceu.

Nem todos, porém, aprendem tão rápido quanto Erik, mesmo porque nem todos estão tão motivados a se tornar fluentes nessa linguagem quanto Erik estava.

Dentre as cinco linguagens, a dos presentes é provavelmente a mais suspeita. Em alguns meios, qualquer ligação entre amor e presentes é suficiente para suscitar ideias de materialismo, gente interesseira e coisas piores. Por essa razão, é importante enfatizar desde o começo a diferença entre a carroça (presente) e o cavalo (amor).

O amor é o que impulsiona o marido a aprender a linguagem do amor principal de sua esposa. O objetivo do marido é demonstrar seu amor de uma forma que a esposa compreenda e aprecie. Apenas para deixar claro: o amor entre os dois já existe, isto é, ele não está tentando "conquistar" a afeição dela por meio de presentes caros. Ao contrário, está exprimindo sentimentos com o propósito de fazê-la experimentar o amor do modo mais intenso possível.

Da mesma maneira, a pessoa cuja linguagem do amor principal é receber presentes não é necessariamente uma pessoa materialista. **O objetivo das pessoas que falam essa linguagem não é amontoar presentes valiosos, mas rodear-se de coisas que as lembrem de que são amadas por alguém**. O custo ou o valor do presente é meramente circunstancial para essas pessoas. Quando se trata da linguagem do amor dos presentes, o mais importante é a intenção.

Expressões tangíveis

A ligação entre amor e presentes é algo mais profundo do que a maioria das pessoas percebe. Lembra-se de quando colheu pela primeira vez uma flor ou um dente-de-leão para presentear sua mãe — uma forma de dizer "eu te amo"? Quantas bugigangas você criou na escola ou na igreja para dar de presente no Dia dos Pais ou no Dia das Mães?

O instinto já existe; basta trabalhar e aperfeiçoar essas inclinações naturais para se tornar fluente na linguagem do amor dos presentes.

Esse instinto, que trouxe tanta alegria a seus pais em todos aqueles anos e talvez ainda traga, está enraizado profundamente em pessoas cuja principal linguagem do amor é presentes. Trata-se de um objeto que podem segurar nas mãos e dizer: "Ele pensou em mim". Esse é o atrativo do presente: **é necessário *pensar* na pessoa amada antes de entregar um presente. O presente, portanto, é um símbolo desse pensamento**. O valor financeiro não importa; o importante é você ter pensado em sua esposa, ter encontrado tempo para descobrir o que a faria feliz e, então, transformado isso tudo em ação.

Presentes que têm história

Quer acrescentar algo mais a seu presente? Complete-o com uma história. Comprar um urso de pelúcia com os dizeres "Eu ♥ Brasil" é uma coisa, mas comprar um urso de pelúcia em uma lojinha de presentes perto de onde moravam os avós de sua esposa (você soube disso porque fez uma pesquisa genealógica) é outra bem diferente.

É claro que nem toda história precisa ser tão dramática ou trabalhosa. Um simples "Ouvi você dizer que queria experimentar um prato novo e decidi comprar esse livro de culinária amazonense" ou "Criei uma *playlist* das músicas que ouvi você cantando outro dia" será muito bem recebido.

Boas combinações de presente/história trarão a sua esposa uma compreensão maior a respeito de como sua mente funciona quando pensa nela.

Presentes são símbolos visuais de amor. A importância desses símbolos pode passar despercebida a pessoas sem afinidade com a linguagem do amor dos presentes. A diferença entre uma pessoa fluente nessa linguagem e outra não fluente pode ser vista na atitude delas em relação ao símbolo visual mais comum do amor em nossa cultura ocidental: a aliança de casamento. A maioria das cerimônias de casamento inclui troca de alianças. A pessoa que realiza a cerimônia geralmente diz algo como: "Essas alianças são sinais visíveis da aliança interior e espiritual que une esses dois corações em um amor eterno". Não se trata de retórica sem sentido. Ao contrário, essas palavras representam o poder visual do símbolo do casamento, especialmente para aqueles cuja linguagem do amor principal é a linguagem dos presentes.

É por essa razão que algumas pessoas nunca mais tiram a aliança do dedo. Caso sua esposa fale a linguagem do amor dos presentes e você não, é provável que ela use a aliança com mais frequência — e passe mais tempo pensando nela — que você. É bem possível que ela atribua grande valor ao anel e o use com muito orgulho, pois o recebeu de *você* como símbolo de seu amor eterno. Provavelmente também ficou comovida com outros presentes seus ao longo dos anos, pois os considera demonstrações do seu amor.

O QUE ISSO SIGNIFICA PARA VOCÊ

Avançando um pouco mais nessa questão, poderíamos dizer o seguinte: *sem* **presentes como símbolos visuais, sua esposa pode questionar seu amor**.

Para muitos leitores essa última frase talvez tenha disparado vários alarmes mentais. Pode até ser que você tenha relido o capítulo inteiro novamente para ter certeza de que a frase não foi patrocinada por fabricantes de bijuterias, vendedores de cartões comemorativos e floricultores.

> Caso sua esposa sempre critique ou não dê importância aos presentes que você lhe oferece, pode ser produtivo reavaliar sua abordagem. É bem provável que presentes não seja a linguagem do amor principal dela.

Reiterando o que dissemos anteriormente: de modo geral, o impacto do presente não tem nada a ver com sua utilidade ou valor financeiro.

Bons presentes podem vir em todos os tamanhos, cores e formatos. Alguns são caros, outros nada custam. Caso a linguagem do amor principal de sua esposa seja presentes, **o custo será importante para ela somente se você tiver gastado um valor muito além de sua capacidade financeira — ou superior ao que gasta consigo mesmo e com outras pessoas.**

Se você joga golfe com frequência, mora em um condomínio fechado e troca de carro todo ano, nem pense em voltar para casa com presentinhos adquiridos em lojinhas de 1,99 e achar que isso comunicará amor e afeição genuínos por sua esposa. No entanto, se você estiver com dificuldades financeiras, um presente de 1,99 bem escolhido pode comunicar amor equivalente a 1 milhão de dólares.

Presentes podem ser comprados, encontrados ou confeccionados. Entregar à esposa uma pena de pássaro encontrada em uma de suas corridas no parque é uma expressão de amor. Um cartão de mensagem de dez reais (e que transmite muito bem seus sentimentos) também é um ótimo presente. Caso seu orçamento não permita esse valor, um cartão impresso e escrito por você mesmo também é um bom presente.

É simples assim!

Os gastadores e os econômicos

Nem todos já estão convencidos de que presentear é uma forma importante de comunicar amor. Alguns relutam em gastar e tentam se justificar dizendo que se trata de "prudência" financeira.

Cada pessoa tem um modo de pensar a respeito do dinheiro, bem como emoções específicas associadas à maneira de gastá-lo. Algumas possuem mentalidade de gastador; esse tipo de pessoa se sente bem quando utiliza seus recursos para comprar coisas de que necessita ou deseja. Outras são econômicas e investidoras; pessoas desse tipo se sentem bem quando conseguem guardar dinheiro e fazê-lo render por meio de investimentos prudentes.

Caso você seja um gastador por natureza, provavelmente terá pouca dificuldade em comprar presentes para sua esposa. Se, contudo, for uma pessoa econômica, poderá enfrentar certa resistência intelectual ou emocional à ideia de presentear. Afinal, se não gasta nem com você mesmo, por que gastaria com sua esposa?

Esse tipo de pensamento vem acompanhado de um "bom senso" financeiro tão grande que torna difícil percebê-lo como a distorção emocional que é. A verdade é a seguinte: **caso você seja do estilo econômico, em certo sentido *está* comprando coisas para *si mesmo*. Isto é, ao guardar dinheiro, você está "comprando" segurança e autoestima.** Em outras palavras, está usando seus recursos para suprir suas próprias necessidades emocionais.

Entretanto, você *não* está suprindo as necessidades emocionais de sua esposa.

Caso presentes seja a linguagem do amor principal de sua esposa, você precisa entender que a presentear é o melhor investimento de longo prazo. Você estará investindo em seu relacionamento e enchendo o tanque de amor emocional de sua esposa. Quando o tanque de amor dela estiver cheio, provavelmente ela retribuirá amor emocional em uma linguagem que *você* entenderá. É uma daquelas situações em que todos ganham.

Depois de vocês suprirem mutuamente as necessidades emocionais um do outro, o casamento alcançará uma nova dimensão. Investir no amor de sua esposa equivale a investir nas melhores ações da bolsa de valores.

O presente ideal

Não desperdiçaríamos este espaço sugerindo algo tão óbvio como comprar joias para sua esposa. Entretanto, propomos que explore um aspecto frequentemente negligenciado na área da joalheria: pulseiras e colares para afixar pequenos pingentes e berloques.

O gasto inicial em uma pulseira ou colar pode ser um pouco alto, mas pense nisso como investimento. Os pequenos pingentes o tornam um presente ideal. São relativamente baratos, há variedade e podem ser personalizados para diversas ocasiões.

Por exemplo, ao final de uma viagem de férias memorável, você pode comprar um pingente associado ao local visitado. Ou, se praticam algum esporte juntos, você pode procurar um pingente que o simbolize.

Com o tempo, os pingentes afixados à pulseira ou ao colar contarão a história do relacionamento de vocês — para alegria e deleite de sua esposa.

O PRESENTE É VOCÊ

Em alguns dialetos da linguagem dos presentes, você perceberá algo mais importante que o objeto em suas mãos. Estou falando da dádiva da presença, ou seja, você mesmo. Estar ao lado de sua esposa quando ela mais precisa de você é uma mensagem claríssima de amor, caso presentes seja a linguagem do amor principal dela. Certa vez, uma esposa (Sonia) me disse que seu marido (Tony) amava mais o beisebol que a ela própria.

— E por que diz isso? — perguntei-lhe.

— No dia em que nosso bebê nasceu, ele foi jogar. Passei a tarde inteira sozinha no hospital enquanto ele jogava com os amigos.

— Ele estava presente no momento do nascimento? — prossegui.

— Ficou apenas até o bebê nascer. Dez minutos depois, se mandou. Fiquei chocada. Era um momento importantíssimo para nós. Eu queria compartilhar com ele, queria que estivesse lá comigo.

O "bebê" estava agora com 15 anos e Sonia, ainda emotiva, falava a respeito do episódio como se tivesse acontecido ontem. Cutuquei-a para saber um pouco mais:

— Você chegou à conclusão de que Tony ama mais o beisebol que a você com base nessa única ocasião?

— Não — respondeu ela. — No dia do funeral de minha mãe, ele também foi jogar.

— Mas ele foi ao funeral?

— Sim, mas saiu logo que acabou. Não pude acreditar. Enquanto meus irmãos e irmãs me acompanharam até em casa, meu marido foi jogar.

Mais tarde, perguntei a Tony a respeito desses acontecimentos. Ele sabia exatamente do que eu estava falando.

"Eu sabia que ela falaria sobre isso", comentou ele. "Estive no hospital durante todo o trabalho de parto e também no momento em que o bebê nasceu. Tirei muitas fotos. Estava muito feliz e não via a hora de contar aos meus colegas de jogo. Mas, quando retornei ao hospital aquela noite, tomei um banho de água fria. Ela estava furiosa comigo, e eu não conseguia acreditar no que ela estava dizendo. Pensei que ficaria orgulhosa por eu ter ido contar a notícia ao meu time.

"Em relação à mãe dela, provavelmente ela não contou que peguei uma semana de dispensa do trabalho antes de a mãe morrer e passei o tempo todo no hospital e na casa da mãe dela fazendo reparos e ajudando no que era necessário. Terminado o funeral, senti que havia feito tudo o que podia. Estava esgotado e precisando de uma folga. Gosto muito de beisebol, pois me ajuda a relaxar. Decidi jogar uma partida para aliviar a tensão daquela semana. Imaginei que ela fosse gostar de que eu descansasse um pouco.

"Fiz tudo o que imaginei ser importante para ela, mas não foi o suficiente. Ela nunca esqueceu esses dois episódios. Vive dizendo que eu amo mais o beisebol que a ela. É um absurdo!"

Eis um marido sincero que falhou em compreender o poder da presença pessoal. Para sua esposa, a presença dele em um momento decisivo era mais importante que qualquer outra coisa. **A presença física em um momento de angústia é o presente mais importante que você pode oferecer a sua esposa se a linguagem do amor dela for presentes.** Nesse caso, seu corpo se torna símbolo do seu amor por ela. Retire esse símbolo, e a percepção de amor desaparece.

Durante o aconselhamento, Tony e Sonia trabalharam suas mágoas e mal-entendidos do passado. Por fim, ela conseguiu perdoá-lo, e Tony compreendeu a razão de Sonia considerar sua presença física tão importante.

Você poderá evitar tais sofrimentos e anos de ressentimentos simplesmente prestando atenção às dicas verbais e não verbais de sua esposa. Caso sua esposa diga: "Quero muito que você fique comigo hoje/esta noite/amanhã à tarde", entenda isso como um pedido sério. Talvez não lhe pareça importante, mas acredite no que estou dizendo: é muito importante, sim. E, se você não levar a sério, isto é, se não responder de forma clara e afirmativa, poderá transmitir, sem perceber, uma mensagem errônea a sua esposa, uma mensagem da qual poderá se arrepender por muito, muito tempo.

> **Verbalize**
> Caso a linguagem dos presentes seja a *sua* linguagem do amor principal e a presença física de sua esposa seja importante para *você*, a primeira coisa que deve fazer é lhe comunicar seus sentimentos. Não a faça adivinhar o que é importante para você. Em vez disso, fale, verbalize. Dê a sua esposa a chance de aprender a falar fluentemente a mesma linguagem do amor que você fala.

O cerne do amor é a atitude de doar. Todas as cinco linguagens do amor nos desafiam a nos doar à pessoa que amamos. Para alguns, porém, os presentes — símbolos visíveis de amor — falam mais alto.

POR ONDE COMEÇAR

Digamos que um marido reconheça a necessidade de presentear em seu relacionamento, mas tenha pouca ou nenhuma experiência nessa área. Talvez ele tenha crescido em um lar de baixa renda, em que presentear era coisa rara; talvez seja o tipo de pessoa que não gosta de fazer compras, nem para si mesmo, nem para os outros; talvez a linguagem do amor dele seja o extremo oposto da linguagem dos presentes.

Como um sujeito desses poderia se tornar fluente em uma linguagem totalmente estranha?

Um bom passo inicial seria fazer uma lista de todos os presentes que poderiam causar grande impacto em sua esposa. Poderia começar com presentes que ele mesmo lhe tenha dado ou presentes oferecidos a ela por outros membros da família ou por amigos. Essa lista lhe daria uma ideia do tipo de presente que a esposa mais aprecia. Caso tivesse essa lista sempre à mão e continuasse a acrescentar itens, ela se tornaria uma referência importante para quando esse marido decidisse sair às compras.

E, se ele estiver *seriamente* preocupado com a escolha do presente ideal, poderá ainda recrutar um membro da família que conheça bem os gostos de sua esposa.

Expressões básicas de
PRESENTES

Não se espera que alguém domine a linguagem do amor dos presentes da noite para o dia. Caso você precise de uma ideia com urgência, tente uma destas sugestões testadas e aprovadas.

- Presentear em datas importantes (Natal, aniversário, Dia das Mães) é um costume sacramentado. Entretanto, que dizer dos outros dias do ano? Que tal pensar em **presentear em outras datas ou em ocasiões especiais?**

- Fotografias são presentes baratos e têm se tornado cada vez mais apreciados com o passar do tempo. Podem ser ainda mais especiais se você escolher um tema e **presentear sua esposa com um álbum de fotografias** específico — por exemplo, o crescimento de seu filho ou de seu animal de estimação, a passagem das estações do ano em seu jardim, e assim por diante.

- Pense em alguns **presentes que exijam envolvimento pessoal**. Por exemplo, comedouros de pássaros, *kits* de tricô ou crochê, sementes de flores ou de hortaliças etc. São presentes que trarão recompensas por muito tempo.

- Presenteie sua esposa com **"um dia especial"**. Quando souber que ela terá um dia livre, tire aquele dia de folga e deixe-a escolher o que quiser fazer. Ou então faça o necessário para que ela possa tirar um dia todo para si mesma.

- Fique atento a oportunidades de **presenteá-la com coisas espontâneas e inesperadas.** Por exemplo, uma flor bonita que chamou sua atenção na floricultura a caminho de casa, uma fruta ou um artesanato em uma banquinha à beira da estrada, o sorvete favorito dela em um dia quente de verão. Apenas certifique-se de que sejam coisas que ela vai apreciar.

- Caso ela goste de **lojinhas de presentes ou de utilidades domésticas,** deixe-a olhar tudo o que quiser, sem apressá-la e sem resmungar.

- Se ela gosta de algum programa de televisão, pense em maneiras de ajudá-la a reproduzir em casa aquilo a que assistiu. Por exemplo, no caso de programas de decoração, dê a ela um orçamento e permita que, talvez com a ajuda de uma amiga, ela **redecore um dos cômodos da casa.**

- Caso você tenha alguma aptidão artística, **desenhe uma imagem dela** com carvão, aquarela, óleo, argila ou outro material.

- Quando ela estiver se aproximando de alguma data importante (aniversário de casamento ou outras datas importantes para ela), avise antigas amigas dela, aquelas que ela não vê há muito tempo, e peça que enviem **presentes simples e sinceros** (poemas, marcadores de página, orações etc.) para aquele dia especial. Mantenha esses presentes escondidos e entregue-os na data apropriada.

- **Registre uma estrela** com o nome dela.

- **Compre ações de alguma empresa** que sua esposa apoia e peça a ela que acompanhe o desempenho dessas ações por algum tempo.

- **Crie cupons artesanais** para serem trocados por "serviços" que sua esposa mais solicita a você (lavar o carro, ir ao mercado, fazer massagem nas costas etc.). Esteja certo de que vai honrar todos os cupons em tempo hábil e com boa vontade.

- Se as finanças estiverem apertadas, pense em **presentes simbólicos**. Por exemplo, em vez de uma passagem aérea, você poderia levar sua esposa para um "passeio nas nuvens", isto é, tirar um dia para sonhar com o que fariam caso dinheiro não fosse problema. Outra opção seria desenterrar vídeos de férias passadas e reviver momentos especiais no conforto do lar.

- Ofereça **você mesmo como presente — ou seja, sua presença —** em um momento difícil na vida de sua esposa. Por exemplo, lidar com uma crise no emprego, visitar uma amiga doente, cuidar de uma mãe ou de um pai idoso etc.

- Quando sua esposa estiver em viagem, participando de um retiro da igreja ou passando um fim de semana com uma amiga, **esconda um presente na bagagem** dela ou encontre uma forma de enviar um presente para o lugar onde ela estiver hospedada.

- **Estimule a curiosidade** dela em relação a um presente generoso que você pretende entregar. Forneça dicas vagas a respeito do que se trata. Uma opção seria tirar uma fotografia do presente e transformá-la em um quebra-cabeça para ela montar.

5

Quarta linguagem do amor:
Como se tornar fluente em atos de serviço

André observou sua imagem refletida no espelho do banheiro e balançou a cabeça. *Quem diria, hein!* Ajoelhado em frente ao vaso sanitário, luvas de borracha até a altura dos cotovelos, segurando um desinfetante em uma das mãos e uma escova na outra.

Se seus companheiros de rúgbi o vissem agora. Se seu *pai* o visse agora!

O pai acreditava piamente que as tarefas da casa deveriam ser separadas por sexo: o marido cortava a grama no verão, removia a neve no inverno e consertava o que estivesse quebrado. A esposa fazia todo o restante.

André sentiu uma pontada de tristeza por seu pai. O velho provavelmente jamais experimentara a recompensa que acompanha um ato de serviço inesperado para a esposa. André sorriu ao pensar na reação de sua esposa quando visse o ato inesperado *dele*.

Ela encontraria não apenas um banheiro imaculado, mas uma cortina de *box* novinha, tapetes, papeleira e um jogo de toalhas — todos os itens que ela havia apontado em um catálogo (provavelmente pensando que ele não estava prestando atenção).

Sem dúvida, ela vai dar um gritinho e levar as mãos à boca, totalmente surpresa. Vai olhar e comentar cada detalhe, inclusive o suporte para escova de dentes, agora reluzindo de limpo. Ela vai sorrir meio sem jeito e, com lágrimas escorrendo pelo rosto, vai colocar os braços ao redor dele em um abraço longo e sensual, sussurrando no ouvido dele como ela tirou a sorte grande ao se casar com um homem tão carinhoso, prestativo, surpreendente e *atraente*.

André sentiu pena só de pensar em tudo o que os outros homens estavam perdendo.

TRABALHO DURO EM PROL DO "FELIZES PARA SEMPRE"

O leitor talvez conclua que André e sua esposa foram feitos um para o outro. É verdade, embora as coisas nem sempre fossem assim. Na primeira vez em que se encontraram, André não usou nenhum poder de telepatia para adivinhar o gosto de sua esposa por atos de serviço, tampouco era um linguista superdotado, capaz de falar a linguagem do amor dela desde a primeira conversa.

Na verdade, André e sua esposa enfrentaram anos de dúvidas, frustração, desgosto e confusão enquanto tentavam entender o relacionamento, comunicar o que cada um considerava importante e encontrar maneiras de suprir essas necessidades. Nos momentos mais difíceis, ambos se questionavam se haviam tomado a decisão certa ao se casar.

Mesmo depois de ter descoberto a linguagem do amor de sua esposa, André teve muita dificuldade para aprender atos de serviço. Ele argumentava que *já* praticava muitos atos de serviço, como abastecer o carro, colocar o lixo para fora e trazer o pão de cada dia para sustentar a família. Esperava que sua esposa se sentisse amada por meio dessas coisas. Em outras palavras, ele queria que sua esposa mudasse as necessidades *dela* para se encaixarem nas soluções *dele*. André demorou a descobrir e a aprender como realizar os tipos de atos de serviço que sua esposa mais apreciava.

Limpar o banheiro era um deles.

Foi um progresso vagaroso, mas constante. Com o tempo, e após muitas tentativas e erros, André se tornou fluente em atos de serviço, linguagem que o leitor também poderá falar fluentemente. A estratégia para adquirir fluência nessa linguagem pode ser resumida em três partes fáceis de lembrar:

- Impacto
- Iniciativa
- Atitude

Caso um desses elementos esteja faltando ou esteja fora de esquadro, suas tentativas de comunicar amor por meio de atos de serviço serão frustradas.

Vejamos primeiro a importância do impacto.

IMPACTO PROFUNDO

Tenho boas e más notícias.

Comecemos com as más notícias: você poderia passar um fim de semana inteiro fazendo serviços da casa — cortando a grama, varrendo as folhas, regando o jardim, lavando o carro, consertando goteiras no telhado, trocando o vidro trincado da cozinha — e não acrescentaria uma gota sequer ao tanque de amor de sua esposa.

Agora as boas notícias: se sua esposa retorna estressada ou morta de cansaço do trabalho e você, depois de pedir comida chinesa, limpa a cozinha e coloca as crianças para dormir, faz o tanque de amor dela *transbordar*!

> Impactar sua esposa não significa trabalhar mais, mas trabalhar melhor.

Em se tratando de atos de serviço, você não será avaliado pela quantidade de tempo ou esforço que dedicou à tarefa, mas por sua efetividade, isto é, o impacto que causou.

Um bom jogador de futebol precisa se esforçar muito antes de entrar em campo. Além de preparo físico, tem de treinar muitos dribles, passes e chutes ao gol. Alguns passam noites estudando partidas de outros times, a fim de conhecer melhor seus adversários.

No final, porém, o jogador será avaliado por um único critério: conseguiu jogar bem em sua posição? Caso a resposta seja não, todo aquele treinamento não serviu para nada. Como se vê, o mais importante é que o treinamento se transforme em efetividade.

André não percebeu isso, de início. Embora tenha mergulhado de cabeça no treinamento, concentrou-se nas tarefas erradas e fracassou em falar a linguagem do amor de sua esposa.

Pode ser algo difícil de engolir para homens que se orgulham de obter resultados. Afinal, a maioria dos homens nasce com o desejo instintivo de provar seu valor como marido, como protetor e provedor do lar. Além disso, eles querem que seu trabalho tenha *significado*. E mais: querem crédito pelas coisas que fazem.

Costumava ser diferente

Muitas pessoas se casam acreditando que o cônjuge já fala fluentemente a linguagem dos atos de serviço. Essa crença está fundamentada no comportamento do parceiro durante o namoro. Entretanto, muitos descobrem, em pouco tempo, que a maneira como tratam um ao outro no namoro não é indicação de como agirão depois do casamento.

A paixão pode causar mudanças estranhas em nosso comportamento, levando-nos a agir de modo completamente fora do nosso padrão. Depois do casamento, porém, retornamos à pessoa que éramos antes de nos apaixonar. É nesse momento que se torna necessário aprender uma nova linguagem do amor.

Para nos tornarmos fluentes em atos de serviço, precisamos acabar com essa mentalidade. Devemos permitir que a esposa nos ajude a compreender o que é, e o que não é, um ato de serviço efetivo. Precisamos permitir que ela nos instrua a respeito das coisas que têm impacto para ela.

O que é amor para sua esposa?

Que atos de serviço a fazem sentir-se genuína e maravilhosamente amada?

A resposta para essas perguntas servirá para orientar suas ações. Dependendo da personalidade dela — e da história do relacionamento de vocês —, ela pode ou não se sentir à vontade para comunicar essas respostas. Talvez seja necessário acalmar os temores dela, ajudando-a a perceber que você tem o desejo sincero de satisfazê-la por meio de atos de serviço.

Uma forma de fazer isso é convidá-la a escrever quatro ou cinco atos de serviço que ela considera importantes. Essa lista talvez inclua uma tarefa doméstica que ela detesta, uma ideia para aliviá-la de alguma das pressões do dia a dia, um meio de ajudá-la a encontrar tempo para as coisas que ela gosta, algum projeto que ela venha sonhando em realizar há anos ou sugestões de outros atos de serviço.

> Sua atenção e seu esforço devem se concentrar naquilo que faz sua esposa se sentir genuína e maravilhosamente amada.

Não é necessário compor uma lista completa. Considere-a apenas um primeiro passo, um vislumbre das necessidades emocionais atuais de sua esposa. Quando tiver essa lista em mãos, porém, trate-a como um tesouro.

Como se diz "para ontem" em atos de serviço?

O momento de transição entre compor a lista e executar o primeiro ato oficial de serviço é crítico. Imagine-o como o da troca de bastão em uma corrida de revezamento ou um *pit stop* em uma corrida de Fórmula 1. Velocidade e boa execução são fundamentais.

Podemos chamar esse momento de... iniciativa. Em outras palavras, busque realizar os itens da lista de sua esposa em vez de esperar que eles cheguem até você.

Talvez você tenha as melhores intenções do mundo em realizá-los — assim que tiver tempo, oportunidade e energia para isso. Entretanto, nos relacionamentos, assim como nos negócios, nos esportes ou em qualquer outra área da vida, ter boas intenções não basta. Para transformar boas intenções em atos de serviço, é necessário aplicá-las a alguma coisa tangível, perceptível.

Todo o crédito que porventura você tenha adquirido ao incentivar sua esposa a compartilhar quais atos de serviço ela mais aprecia descerá pelo ralo caso sua lista fique soterrada em uma pilha de papéis sobre a mesa de trabalho. Nada pior que sua esposa ter de lembrá-lo das coisas que você mesmo se propôs realizar.

Essa atitude não será percebida como amor. Afinal, o amor é sempre compartilhado livremente; ele jamais pode ser exigido ou extraído de alguém.

Por essa razão, é vital que você tome a iniciativa de executar o mais breve possível os atos de serviço listados por sua esposa. Isso demonstrará suas intenções futuras e comunicará a ela a importância do bem-estar emocional dela para você.

A coisa mais lógica a fazer, no início, é começar pelo item mais fácil da lista. Caso seu tempo seja curto, não há nada de errado em seguir por esse caminho. Entretanto, caso tenha tempo de sobra e possui os recursos necessários para fazer algo maior e mais ousado, a melhor estratégia é começar pelo item que fará maior diferença na vida de sua esposa, aquele que ela mais apreciará.

Escolha uma tarefa e execute-a. E faça bem feito. Mostre a sua esposa *resultados* bons em vez de apenas intenções boas. Depois de finalizado esse item, dedique sua atenção ao restante da lista.

Como se tornar fluente em atos de serviço | 73

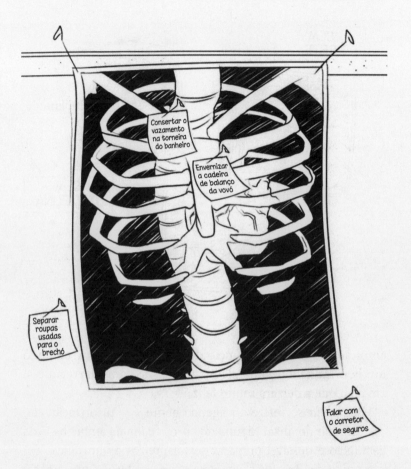

É mais fácil falar que fazer, não é mesmo? Especialmente com tantas outras coisas competindo por sua atenção, tempo e energia. A chave para começar com o pé direito na linguagem dos atos de serviço é passar por uma experiência "3D": diretriz, disciplina e dedicação.

Diretriz tem a ver com motivação. A fim de guardar na mente a razão de seus atos de serviço, cole aquela fotografia favorita de sua esposa e a lista de tarefas no espelho do banheiro ou outro lugar por onde você passa todos os dias. Cada vez que observar a foto, pense em maneiras de demonstrar

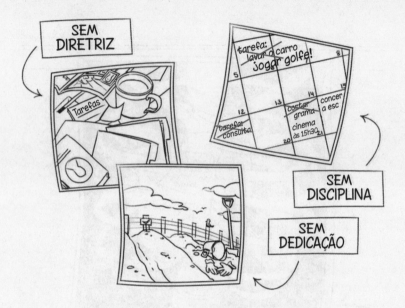

amor àquela mulher por meio de atos de serviço, executando um item da lista dela ou alguma ideia sua para surpreendê-la em algo que a deixará muito feliz.

Disciplina se refere ao agendamento e à priorização necessária para realizar alguns dos projetos mais ambiciosos da lista. Não é possível preparar seis canteiros de hortaliças em um único dia nem trocar prateleiras e gavetas de um armário personalizado em uma ou duas horas depois do trabalho. Alguns atos de serviço exigirão espaço em sua agenda já lotada; outros demandarão que você adie ou sacrifique suas próprias atividades ou lazer pessoal.

Dedicação se refere ao compromisso de permanecer concentrado em determinado ato de serviço até que este esteja pronto para ser oferecido como símbolo de amor. Dedicação é o que evita possíveis demonstrações de afeto se transformarem em projetos inacabados por interferência de outras tarefas urgentes.

Lembre-se de que qualquer atraso ou tentativa abortada de completar um ato de serviço transmitirá claramente a sua esposa a mensagem de que aquele serviço *não é importante para você*.

PRESTATIVO E SORRIDENTE

Tão crucial quanto o ato de serviço em si é a *atitude* com que você o realiza. Na verdade, fazer a coisa certa com a atitude errada pode causar mais mal que bem. Sua esposa não se sentirá amada se perceber que você está realizando um ato de serviço com postura de ressentimento ou irritação. Em vez disso, ela se sentirá um estorvo, um incômodo, um desperdício de seu tempo e energia.

Onde está o amor nisso tudo?

Para maximizar o impacto, **seus atos de serviço devem ser realizados com empolgação**, com vontade de agradar sua esposa. Além disso, eles **devem ser realizados com bom humor**, inclusive os que o forçam a sair de sua zona de conforto. E, ainda, **devem ser realizados com humildade**. Não chame a atenção para si mesmo enquanto os realiza nem fique se gabando depois de terminar. Recuse-se a ser visto como herói ou mártir. Tenha sempre em mente para quem e por que você está realizando seus atos de serviço.

> ### Se atos de serviço são sua linguagem do amor principal...
>
> Tenha em mente que o amor é uma escolha e não pode ser exigido. Você não pode recorrer a críticas ou coerções para conseguir o que deseja. Talvez até consiga, por meio de intimidação, que sua esposa faça coisas por você; ela pode até fazer o que você quer, mas certamente não será expressão de amor.

> Uma opção melhor é fornecer orientações por meio de pedidos: "Gostaria que você mantivesse a casa arrumada, que separasse a correspondência, que ligasse para minha mãe com mais frequência". Não é possível, porém, exigir amor. Cada um deve decidir, diariamente, amar ou não seu cônjuge.

O DILEMA DO CAPACHO

Dentre as cinco linguagens do amor, a de atos de serviço é a que parece apresentar maior potencial para abusos, ou pelo menos a percepção de abuso. É concebível que uma esposa, com intenções não tão nobres, possa convencer seu marido a fazer praticamente qualquer coisa para ela, tudo em nome do amor.

Uma esposa enfurecida comentou: "Eu o servi por vinte anos; fiz tudo por ele. Fui capacho dele, enquanto me ignorava, me maltratava e me humilhava na frente dos meus amigos e familiares. Não o odeio nem quero seu mal, mas não o suporto mais, não quero mais viver com ele".

Por duas décadas essa mulher realizou atos de serviço para seu marido, não por amor, mas por medo, culpa e ressentimento. Quantos homens e mulheres mundo afora vivem histórias semelhantes? Quantos são (ou foram) membros do Clube do Capacho?

O capacho é um objeto inanimado, algo em que pisamos, limpamos os pés e, vez ou outra, batemos para tirar a poeira. Não possui vontade própria e não reclama de como é tratado. Simplesmente cumpre seu papel e ponto final.

Quando tratamos a esposa como objeto, ou quando a fazemos sentir-se como objeto, destruímos a possibilidade do amor. Manipulação pela culpa ("Se você for uma boa esposa, fará isso e aquilo por mim") não faz parte da linguagem do amor. Coerção por medo ("Faça isso ou vai ver o que acontece") é uma linguagem totalmente estranha ao amor.

Da mesma forma, quando os esforços sinceros do marido para falar a linguagem dos atos de serviço são retribuídos com insatisfação ou indiferença por parte da esposa, pode haver necessidade de uma reavaliação.

Conforme mencionamos anteriormente, tornar-se fluente em uma segunda linguagem do amor é um processo demorado. Erros são inevitáveis nesse processo e nem todas as ideias funcionarão, especialmente se o marido e a esposa estiverem andando em descompasso.

Em contrapartida, caso os atos de serviço que você vem realizando, conforme a lista sugerida por ela, estejam sendo

retribuídos com críticas frequentes ou não estejam causando reação alguma, é bem provável que a linguagem do amor principal de sua esposa não seja atos de serviço.

Expressões básicas de
ATOS DE SERVIÇO

Você assumiu o compromisso de tornar-se fluente em atos de serviço a fim de exprimir amor por sua esposa. Parabéns. Entretanto, haverá situações em que o aprendizado de uma segunda língua exigirá inspiração. Eis algumas ideias para ajudá-lo a se sair bem.

- Muitos homens saberiam apontar uma ou mais tarefas domésticas que a esposa desistiu de pedir. **Surpreenda sua esposa: realize essa tarefa.**
- **Caso ela peça para você fazer alguma coisa, faça.** Não espere que ela peça duas vezes.
- Planeje levantar meia hora mais cedo (ou dormir meia hora mais tarde) todos os dias durante uma semana e use esse tempo para **planejar e realizar atos de serviço para sua esposa.**
- **Pense em fazer alguma coisa que ela jamais imaginaria de você.** Leve o cachorro ao veterinário, arrume a bagunça do armário para que ela tenha mais espaço para guardar as pastas de trabalho, limpe a geladeira e os armários da cozinha.
- **Prepare o jantar.** Isto é, cozinhe você mesmo os pratos, sem deixar de fora os legumes. Depois, arrume a cozinha e não se esqueça de limpar o fogão.
- **Visite serviços domésticos** *on-line* ou páginas amarelas e peça para sua esposa escolher algum serviço necessário para a casa (limpeza de calhas, pintura ou limpeza de carpete etc.).
- **Pense nas reclamações mais frequentes de sua esposa** e redobre seus esforços no sentido de impedir que aconteçam novamente.

- Esteja disponível em momentos de grande tristeza, como o falecimento de um parente de sua esposa ou de um animal de estimação. Apoiá-la durante esse período pode ser um ato de serviço grandioso.

- Não fique o tempo todo anunciando o que pretende fazer por ela. Esporadicamente, realize algum ato de serviço sem dizer nada e veja quanto tempo ela levará para perceber.

- Caso sua esposa pareça estar sempre atarefada pela manhã, encontre uma forma de liberar alguns minutos para ela (dê-lhe a preferência no banheiro, prepare o café da manhã, arrume as crianças para a escola).

- Faça uma lista das habilidades e capacidades de seus amigos. Verifique quem poderia realizar um ato de serviço que você não está apto a fazer.

- Se sua esposa ficar tão feliz por você estar realizando determinado ato de serviço a ponto de querer ajudá-lo, pense em uma forma de trabalharem juntos para realizar atos de serviço pelo bem de outras pessoas. Essa também pode ser uma maneira de passarem tempo de qualidade juntos.

- Pense em um modo de servir outra pessoa (ou uma causa) de que sua esposa goste — um amigo, um parente, um irmão da igreja ou uma organização.

- Cuide da casa enquanto sua esposa está assistindo ao programa de televisão favorito dela. Atenda o telefone, olhe as crianças etc.

- Caso conheça outros maridos que estejam lendo este livro, troque ideias com eles a respeito de novas estratégias viáveis para o casamento.

6

Quinta linguagem do amor:
Como se tornar fluente em toque físico

Em sua infância, quantas vezes você:

- Brincou de pega-pega na rua?
- Divertiu-se em uma queda de braço com seu pai?
- Fez guerra de polegar com seu irmão?
- Brincou de Marco Polo na piscina?
- Distribuiu cascudos e socos no ombro, torceu a pele do braço de alguém e enfiou o dedo molhado na orelha dos outros?

Para muitos homens, o toque físico foi parte importante do amadurecimento. Se deixados por conta própria, **os garotos conseguem transformar qualquer atividade, jogo ou viagem de carro em brincadeiras que envolvem contato físico.**

Ao chegarmos à fase adulta, porém, somos ensinados a respeitar o espaço pessoal dos outros e a manter as mãos sempre junto do corpo. Exceto apertos de mão, batidinhas no ombro e ocasionais abraços suaves, nossas relações interpessoais como adultos ocorrem, na maioria das vezes, sem nenhum contato físico. Você não toca ninguém, e ninguém toca você.

Algumas vezes essa ausência de contato físico também se estende ao casamento. Depois da lua de mel, quando os recém-casados já não têm mais tanto tempo um para o outro, muitos casais se acomodam em um padrão de distanciamento físico cada vez maior. As exigências de nossa sociedade atarefada — sem mencionar uma série de outros fatores emocionais — conspiram para manter marido e esposa longe um do outro.

Para 80% das pessoas casadas, esse distanciamento talvez não pareça um problema evidente. (Essa porcentagem presume uma distribuição relativamente igual de linguagens do amor principais entre a população em geral.) O tanque de amor desses casais está repleto de palavras de afirmação, tempo de qualidade, presentes ou atos de serviço. E, embora apreciem o toque físico, *não precisam* disso para se sentirem amados e apreciados. A satisfação emocional deles não está associada ao toque físico.

Este capítulo é dedicado aos *outros* 20% cuja linguagem do amor principal é toque físico.

Os tocáveis

Caso você ou sua esposa apreciem gastronomia, provavelmente já ouviram falar de "paladar supersensível", isto é, pessoas que possuem o sentido do paladar muito aguçado, a ponto de experimentar os alimentos de maneira bem diferente dos demais seres humanos. Para essas pessoas de paladar supersensível, o açúcar é mais doce, o sal é mais salgado, a gordura é mais cremosa e o amargor, insuportável. Alguns são capazes de detectar diferenças minúsculas no teor de gordura em diversos tipos de leite e outros alimentos.

Não há consenso se essa habilidade é bênção ou maldição. Por um lado, essas pessoas conseguem, por meio de suas papilas gustativas extremamente desenvolvidas, isolar e saborear vários ingredientes de seus alimentos favoritos; podem ser, por essa razão, excelentes críticos gastronômicos. Em contrapartida, sentem repulsa por determinados alimentos, como as saudáveis verduras de folhas verde-escuras, que outras pessoas apreciam.

Caso a linguagem do amor principal de sua esposa seja toque físico, pense nela como uma pessoa de "tato supersensível". Ela pode sentir amor e afeição, entre outras coisas, por meio de um mero toque no braço ou de uma mão no ombro. **Contatos físicos que a maioria das pessoas nem perceberia podem emocioná-la, alterar seu humor, alegrar seu dia e, mais importante, fazê-la se sentir amada e apreciada.**

A intensidade da experiência tátil tem um papel importante nos relacionamentos dela. Quanto mais ela se aproxima de alguém, quer seja um membro da família, quer uma amiga, mais aprecia contato físico com aquela pessoa — um abraço apertado de uma irmã ou de um irmão, um beijo no rosto dado pela mãe, a mão da melhor amiga no ombro. Por causa disso, **quando pessoas mais próximas *lhe negam* contato físico, podem lhe causar mais dor e ansiedade que a maioria dos que não falam a linguagem do amor principal dela poderia imaginar.**

Para ela, o toque físico pode construir ou desfazer um relacionamento; pode comunicar amor ou ódio. Levar um tapa na cara é uma agressão chocante para qualquer um, mas seria devastador para a pessoa cuja linguagem do amor principal é toque físico. Um abraço carinhoso transmite amor e afeição para a maioria das pessoas, porém representa um *brado retumbante* de amor para aqueles que falam a linguagem do toque físico.

O processo mental da pessoa que fala essa linguagem é mais ou menos o seguinte: "Tudo o que sou é representado por meio do meu corpo. Tocar meu corpo, então, é tocar em mim; não tocar meu corpo equivale a distanciar-se emocionalmente de mim".

Mesmo pessoas que falam outras linguagens do amor conseguem compreender, até certo ponto, esse raciocínio. Quer percebamos quer não, a maioria das pessoas em nossa sociedade tem certas expectativas a respeito do toque físico. Desviar-se desse padrão é um convite a suspeitas e mal-entendidos. Quantas vezes por semana você troca apertos de mão com clientes, membros da igreja, companheiros de time e outros conhecidos? Em nossa cultura, apertar as mãos é uma forma de comunicar cordialidade e sinceridade a outra pessoa. Se você estender a mão a outro homem e ele recusar o gesto, você presumirá uma destas três coisas:

- O cara é um perfeito idiota.
- Ele não tem interesse algum em conhecê-lo.
- Tem alguma coisa muito errada em seu relacionamento com ele.

A reação a esse ato de desprezo dependerá de quem é a pessoa com quem você está lidando. Caso o sujeito seja um jogador do time adversário que perdeu a partida para sua equipe, provavelmente você nem vai pensar mais nisso. Mas, se for seu chefe, talvez você comece a entrar em pânico e a imaginar o que pôde ter feito de errado e quando a guilhotina vai cair sobre seu pescoço.

O mesmo ocorre com a esposa cuja linguagem do amor principal é toque físico. **Recusar-se a tocá-la equivale a uma agressão pessoal**. Nesse caso, é possível que ela perca a autoestima, que fique ansiosa com a situação da amizade ou do relacionamento, ou, ainda, que se sinta sozinha mesmo rodeada por amigos e pessoas queridas.

Em seu papel de marido, o principal provedor de amor e afeição para sua esposa, a responsabilidade de suprir a necessidade dela de toque físico é sua. **Embora alguns possam considerar essa responsabilidade uma pressão, peço que a enxerguem como um desafio — e uma oportunidade.**

Levantamento de dados

Os alunos que participam de atividades desportivas escolares no ensino médio devem passar por exames médicos para verificar se estão aptos a praticar esportes. Nos Estados Unidos esse teste é referido como *baseline concussion test* [teste padrão para concussões] e tem por objetivo avaliar os atletas, por meio de testes computadorizados, em quesitos como tempo de reação, capacidade de memória, velocidade de processamento mental e funcionamento geral do cérebro. O teste serve como registro documental do funcionamento do cérebro do atleta em seu estado saudável. Caso o atleta sofra uma concussão durante a prática esportiva, os médicos podem reaplicar o teste para comparar os novos resultados com os do teste padrão e, desse modo, determinar se houve algum dano cerebral e qual a melhor estratégia de tratamento.

Esse mesmo princípio pode ser aplicado, de modo reverso, ao processo de aprendizado da linguagem do amor de sua esposa. Caso você esteja determinado a se tornar fluente em toque físico, seria interessante fazer um "teste padrão", a fim de avaliar a situação atual do toque físico em seu relacionamento com ela.

Ao final do dia, depois que sua esposa for deitar, faça uma revisão mental de sua interação física com ela naquele dia. Escreva cada ocorrência em que você:

- Beijou sua esposa.
- Abraçou sua esposa.
- Segurou a mão dela.
- Colocou o braço nos ombros dela.
- Tocou os pés dela embaixo da mesa.
- Segurou-a pela cintura.
- Cumprimentou-a com um "toca aqui!".
- Brincou de fazer cócegas.
- Massageou os ombros dela.
- Acariciou os cabelos dela.
- Fez carinho nas costas dela.
- Teve qualquer outro contato físico carinhoso e intencional com ela.

Seja meticuloso e abrangente em sua lista, mas resista ao ímpeto de inflar os números para sentir-se bem consigo mesmo. Lembre-se: o objetivo é apenas registrar a situação atual, a fim de criar uma base de comparação para o futuro. Além disso, ninguém mais, exceto você, precisa ter acesso a essa lista.

Depois de obter uma ideia realista da quantidade de vezes que toca sua esposa em um dia normal, você poderá começar a procurar maneiras de melhorar. Por exemplo, depois de identificar um ou dois toques mais frequentes, você poderá aumentar a quantidade dos toques menos frequentes. Crie uma base de dados, estabeleça objetivos e planeje a estratégia mais adequada.

Uma vez que já tenha registrado sua estratégia, marque datas em seu calendário para novas avaliações, a fim de verificar seu progresso. Compare essas avaliações com o teste padrão e identifique quais toques podem ser melhorados e quais estão melhorando.

Toca aqui

Anatomicamente falando, toque físico pode ser a linguagem do amor mais fácil de aprender. O ser humano foi projetado com receptores táteis por todo o corpo. Você poderia tocar sua esposa praticamente em qualquer lugar do corpo.

Em teoria.

Na realidade, **nem todos os toques são iguais**; alguns trazem mais prazer que outros. O melhor instrutor nesse assunto é, obviamente, a pessoa tocada — nesse caso, sua esposa. Afinal, ela é a pessoa a quem você se propôs amar. Só ela sabe exatamente quais toques representam demonstrações de amor. **Não insista em tocá-la conforme** *você* **achar correto e na hora que** *você* **achar melhor**. Aprenda a falar o dialeto do amor de sua esposa.

Quer você goste quer não, alguns toques são irritantes ou desconfortáveis para ela. Continuar a tocá-la dessa maneira equivalerá ao oposto de amor — vai sugerir que você não está prestando atenção às necessidades dela e que não se importa com o que a agrada. **O fato de determinados tipos de toque serem prazerosos para você não significa que serão, ou deveriam ser, prazerosos para sua esposa.**

> Os únicos toques disponíveis a você são aqueles que dão prazer a sua esposa.

Alguns toques amorosos são diretos e exigem atenção total. Preliminares sensuais e a relação sexual propriamente dita sem dúvida se encaixam nessa categoria (adiante falaremos mais sobre isso). Massagens sensuais nas costas também se encaixam nessa situação. Toques amorosos diretos geralmente exigirão mais tempo e esforço de sua parte, não apenas com relação ao toque em si, mas também na preparação e na compreensão de como comunicar amor a sua esposa por meio desses toques. **Caso sua esposa interprete uma massagem nas costas como uma elevada demonstração de amor, todo tempo, dinheiro e energia que você gastar para se tornar um bom massagista serão muito bem investidos.**

Outros toques amorosos são implícitos e momentâneos. Por exemplo, colocar a mão no ombro de sua esposa enquanto lhe serve café ou, simplesmente, encostar seu corpo no dela quando entra ou sai de um cômodo.

Toques amorosos implícitos exigem pouco tempo, porém demandam muita atenção, especialmente se toque físico não é sua linguagem do amor principal e se você não cresceu com esse tipo de experiência. Sentar perto um do outro para assistir televisão requer pouco esforço e ao mesmo tempo pode comunicar uma mensagem muito intensa de amor. Tocar em sua esposa quando você a encontra pela casa também requer pouco tempo de sua atenção. Beijá-la e abraçá-la antes de sair para o trabalho e ao retornar para casa exigem pouco esforço, porém transmite uma mensagem incrível de amor.

Depois de descobrir que a principal linguagem do amor de sua esposa é toque físico, o único obstáculo para você exprimir amor por meio dessa linguagem será sua própria imaginação. Pensar em lugares e maneiras novas de tocá-la pode ser um desafio emocionante.

Se você nunca a tocou por debaixo da mesa durante um jantar fora de casa, é possível que descubra nesse tipo de contato uma emoção diferente.

Caso não esteja acostumado a pegar na mão dela em público, poderá descobrir uma nova forma de encher o tanque de amor dela simplesmente andando de mãos dadas até o estacionamento.

Beijá-la no carro poderia melhorar tremendamente o tempo que passam juntos no trânsito.

Abraçar sua esposa antes de ela sair às compras não apenas exprime amor como pode incentivá-la a retornar mais cedo para casa.

Tente toques novos em lugares diferentes e pergunte se ela está gostando. Lembre-se de que a palavra final sempre pertence a ela. Seu objetivo é simplesmente aprender a linguagem do amor dela.

Uma categoria exclusiva

Sem dúvida teremos de perdoar qualquer sujeito viril, daqueles que exalam testosterona pelos poros, que sorrir ardilosamente ao descobrir que a linguagem do amor principal de sua esposa é toque físico. É como ganhar na loteria da linguagem do amor, não é? Afinal, toque físico *inclui* sexo, certo? Certo?

Talvez, mas não necessariamente.

Isso depende da esposa. Algumas delas podem sentir-se realizadas emocionalmente pela intimidade da relação sexual; outras podem situar o sexo em uma categoria totalmente separada de outros tipos de toque físico. Seja qual for o caso, o importante é lembrar que estamos falando das necessidades dela, e não das suas.

O propósito de tornar-se fluente na linguagem do toque físico não é suprir sua própria necessidade, mas fazer sua esposa se sentir genuinamente amada e apreciada. Se ela perceber que você a está tocando com o objetivo de simplesmente levá-la para a cama — isto é, apenas com a intenção de fazer sexo —, poderá se ressentir disso e você perderá credibilidade.

> Toque físico não é sinônimo de carícias preliminares para sexo.

Sua esposa precisa saber que suas intenções são puras, que você tem o desejo verdadeiro de agradá-la, que seus esforços visam apenas o bem dela. Caso isso signifique deixar o sexo de lado, paciência. Vocês dois poderão tratar da intimidade sexual em outro contexto.

Três pontos devem ser reiterados no contexto do toque físico e da relação sexual. O primeiro diz respeito aos toques apropriados e aos inapropriados. Lembre-se: **é sua esposa que define os limites**. Caso ela se sinta desconfortável com toques que mais parecem apalpadelas libidinosas, ela deve sentir-se livre para lhe dizer isso. Só assim você poderá fazer os ajustes adequados em seu modo de agir. Em outras palavras, respeite os sentimentos dela.

Segundo, o fato de sua esposa reagir de maneira tão dramática ao toque físico significa que **qualquer traição nessa área será fatal para ela** — mais que para outras mulheres. Os consultórios de conselheiros matrimoniais estão abarrotados de casos de maridos e esposas traumatizados com relacionamentos extraconjugais. O trauma da infidelidade, entretanto, é mais profundo para a pessoa cuja linguagem do amor principal é toque físico. A ideia de o marido entregar seu amor, aquele amor pelo qual sua esposa anseia tão profundamente, a outra pessoa é quase impossível de suportar. O tanque de amor dela não apenas se esvazia, ele explode. A restauração desse casal somente será possível por meio de investimentos maciços.

Terceiro, **caso a relação sexual seja o dialeto principal de sua esposa, nada deve impedi-lo de tornar-se o melhor amante do mundo para ela.** Quanto mais você ler e estudar a respeito da arte do amor sexual, mais aprimorará sua habilidade de exprimir amor dessa maneira.

MOMENTOS EM QUE O TOQUE FÍSICO É MAIS IMPORTANTE

Se o toque físico é importante em circunstâncias normais, torna-se absolutamente essencial em momentos de crise. Até mesmo aqueles que não falam essa linguagem mostram a tendência quase instintiva de conectar-se fisicamente com outras pessoas em situações de emergência, perda e confusão. Quanto mais grave a situação, mais as pessoas desejam se abraçar e dar as mãos.

Isso comprova o poder do toque físico para comunicar amor. Em situações de crise, mais que nunca, queremos desesperadamente nos sentir amados. Embora nem sempre possamos interferir nos acontecimentos, podemos sobreviver se nos sentirmos amados.

Todos os casamentos passam por momentos difíceis. Alguns desses momentos podem ser previstos, outros não. A morte dos pais é inevitável, acidentes de automóvel ferem e matam milhares todos os anos, e a doença bate à porta de qualquer um. Decepções fazem parte da vida. Então, a coisa mais importante que você pode fazer por sua esposa em momentos de crise é amá-la. Se a linguagem do amor dela for toque físico, não haverá nada mais importante que a abraçar enquanto ela chora. Nessas horas, talvez quaisquer palavras suas sejam inúteis, mas seu toque transmitirá a mensagem de que você se importa com ela.

Momentos de crise representam oportunidades únicas de exprimir amor. É crucial aproveitar essas oportunidades. Toques carinhosos serão lembrados muito tempo depois de passada a crise. Em contrapartida, a omissão em tocá-la talvez jamais seja esquecida.

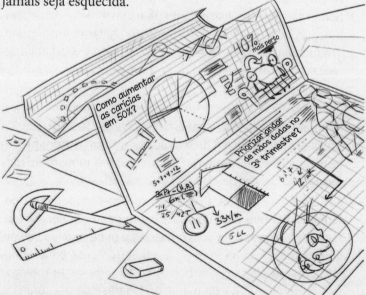

As 5 linguagens do amor para homens

> ### Expressões básicas de
> #### TOQUE FÍSICO

Pense nesta seção como um kit *para iniciantes (ou um* kit *de emergência) para se comunicar por meio da linguagem do amor do toque físico. Caso você esteja sem ideias de como demonstrar carinho físico a sua esposa, tente uma das sugestões a seguir.*

- **Transforme o ato de tocar sua esposa em parte de sua rotina.** Corra os dedos pelo cabelo dela enquanto ela está lendo, toque os ombros dela enquanto ela realiza alguma tarefa na cozinha; até mesmo os toques mais singelos são capazes de aumentar a intimidade ao longo do tempo.

- **Abrace e beije sua esposa** antes de sair pela manhã, quando voltar para casa ao final do dia e antes de dormir. É muito fácil deixar esses rituais caírem no esquecimento, especialmente para pessoas casadas há muito tempo.

- Altere sua rotina e seus padrões com o objetivo de **incorporar mais contato físico com sua esposa**. Se você se senta longe dela, procure uma forma de sentar-se mais perto. Troque o lado da cama em que você dorme. Esse novo arranjo provavelmente produzirá oportunidades inesperadas de toque físico.

- Caso vocês normalmente se sentem de frente um para o outro no restaurante, procurem sentar-se **lado a lado** na próxima vez. Caso costumem sentar-se lado a lado, procurem sentar-se de frente um para o outro e toquem as pernas um do outro com os pés por debaixo da mesa.

- Separe uma noite para realizar experimentos a fim de **determinar em que lugares sua esposa gosta de ser tocada**. Percorra o corpo dela com os dedos e peça que faça sinais com o polegar para indicar se curtiu (polegar para cima), não curtiu (polegar para baixo) ou foi indiferente (polegar na horizontal). Grave na mente os lugares que ela curtiu.

- Procure DVDs, livros e páginas da Internet que ensinem **técnicas diferentes de massagens**. Experimente quais delas sua esposa mais aprecia.

- Relembre os tempos de namoro e tente **recuperar a emoção do toque físico** que você, por ter se acostumado, talvez nem preste mais atenção. Na próxima vez em que estiver sozinho com sua esposa, tente reacender aquela emoção dos primeiros encontros.

- Quando for comprar algo para sua esposa, **procure coisas que despertem o seu sentido táctil** — coisas agradáveis ao toque como uma blusa de tecido macio (caxemira, seda etc.), uma almofada de *plush* ou uma pantufa de pelúcia.

- Na próxima vez em que sua esposa adoecer, lembre-se do **poder curativo do toque**. Se ela estiver com dor de cabeça, ofereça uma massagem no pescoço e nas têmporas; se ela estiver com resfriado ou gripe, massageie a testa dela.

- Caso tenham filhos, procure treiná-los para exprimir amor pela mãe deles por meio do toque físico. Estabeleça a tradição de todos darem as mãos para orar. **Estimule seus filhos a abraçar com frequência.** Quanto mais você tocar fisicamente sua esposa, maior a probabilidade de seus filhos seguirem seu exemplo.

- Estabeleça um período para se **comunicar com sua esposa somente por meio do toque físico**. Não diga nada; simplesmente demonstre seu amor por ela em profusão de toques físicos.

- **Escreva mensagens curtas nas costas dela** com seu dedo e peça para ela adivinhar o que escreveu. (Obs.: "Amo você" causará uma reação mais favorável que "Lavar louça").

7

Quais linguagens você fala?

Talvez você tenha esboçado um sorriso quando leu a lista das cinco linguagens do amor pela primeira vez. Talvez tenha lido o capítulo a respeito das palavras de afirmação ou dos atos de serviço e tenha pensado: "É isso mesmo! Esse sou eu!" ou "Essa linguagem *é a cara* da minha esposa".

Mas talvez *não* tenha acontecido dessa forma.

Para muitas pessoas, a descoberta da linguagem do amor principal (sua ou de seu cônjuge) é um processo complicado. As pistas não são óbvias, e isso não é de surpreender, dada a complexidade humana. Cada pessoa tem os próprios interesses e reage a estímulos diversos. Portanto, ninguém *deveria* imaginar-se capaz de compreender outra pessoa tão rapidamente.

Como resultado dessa complexidade, muitos casais se relacionam por meio de falsos pressupostos com relação às linguagens do amor. Quantas esposas têm gavetas abarrotadas de bijuterias, bichinhos de pelúcia, calcinhas rendadas e outros presentes que seu marido imaginou que as fariam se sentir amadas? Quantos maridos se encolhem de vergonha quando se lembram de tentativas frustradas de comunicar palavras de afirmação? Quantos cônjuges ainda guardam ressentimento por atos de serviço que passaram despercebidos? Quantos cônjuges "apreciam" os esforços de seu parceiro, porém secretamente desejam *menos* tempo de qualidade ou contato físico?

A LINGUAGEM OFICIAL DOS HOMENS

Da mesma forma, quantas pessoas bem-intencionadas enganaram a si mesmas — e a seu cônjuge — com relação à linguagem do amor *delas próprias*? Os homens são especialmente mais suscetíveis ao autoengano nessa área por uma simples razão.

S-E-X-O.

A maioria dos homens admite gostar, e muito, de sexo. Por causa disso, muitos presumem que toque físico seja sua linguagem do amor principal e a relação sexual, seu dialeto mais importante. Parece bastante lógico, não?

Não necessariamente.

Para quem ainda se lembra das aulas de biologia, o desejo sexual masculino é essencialmente físico. O desejo de sexo é estimulado pelo acúmulo de fluido seminal nas vesículas seminais que, depois de cheias, expelem esse fluido. Assim, o desejo do homem de ter relações sexuais tem origem no funcionamento físico do corpo. Em consequência, não está necessariamente associado a sua linguagem do amor principal.

Caso você esteja em dúvida se toque físico é sua linguagem do amor principal, pense nas ocasiões que gosta de ter contato físico fora da cama: você se sente revigorado com massagens nos ombros, toques carinhosos no rosto ou simplesmente andando de mãos dadas com sua esposa? Caso tenha respondido negativamente a todas essas questões, é provável que toque físico não seja sua linguagem do amor.

O desejo sexual é muito diferente da necessidade emocional de sentir-se amado. Isso não significa que a relação sexual não tenha nenhuma importância para a pessoa que não fala a linguagem do toque físico. Na verdade, o sexo é *extremamente* importante. Entretanto, a relação sexual não suprirá, por si só, a necessidade do marido de sentir-se amado. A esposa também precisa aprender a falar a linguagem do amor principal dele.

Quando a esposa fala a linguagem do amor principal do marido e enche o tanque emocional dele, e quando o marido fala a linguagem do amor principal de sua esposa e enche o tanque emocional dela, o desejo sexual provavelmente se desenvolve naturalmente no relacionamento conjugal. A maioria dos problemas sexuais no casamento tem pouco a ver com técnicas eróticas e tudo a ver com o suprimento das carências emocionais.

Conhece-te a ti mesmo

Voltando à questão inicial, qual *é* sua linguagem do amor principal? O que faz você se sentir especialmente amado por sua esposa? O que você deseja acima de tudo? Caso nenhuma resposta imediata lhe venha à mente, procure uma abordagem diferente.

Pense a respeito dos aspectos *negativos* da linguagem do amor. Sua esposa faz ou diz (ou *deixa de* fazer ou de dizer) algo que o magoa profundamente? Sua resposta a essa pergunta trará muitos esclarecimentos. Por exemplo, caso você se ressinta profundamente de ouvir críticas ou reprovações de sua esposa, é possível que sua linguagem do amor principal seja palavras de afirmação.

Faz sentido, não? Caso sua esposa utilize palavras de afirmação de uma forma negativa — ou seja, caso diga o oposto do que você deseja ouvir —, isso machucará você profundamente, muito mais que a outros homens. Nesse caso, sua

PALAVRAS DE AFIRMAÇÃO
"No dia em que eu ouvir dela um elogio sincero, provavelmente terei um ataque cardíaco."

esposa não apenas está negligenciando a linguagem do amor principal que você fala, mas também está usando essa linguagem como uma arma contra você.

Caso você se sinta profundamente magoado por sua esposa não o presentear com frequência, talvez sua linguagem do amor principal seja presentes. Caso se sinta profundamente magoado pelo fato de sua esposa não passar tempo com você, parece razoável supor que tempo de qualidade seja sua linguagem do amor principal.

TEMPO DE QUALIDADE
"Ela tem tempo para todo mundo, menos para mim."

Outra abordagem para descobrir sua linguagem do amor principal é rememorar os primeiros anos de casamento e tentar lembrar o que você pedia com mais frequência a sua esposa naquela época. A resposta provavelmente revelará sua linguagem do amor principal. Embora sua esposa possa algumas vezes ter interpretado seus pedidos como reclamações, na verdade eram tentativas de assegurar-se do amor emocional dela. Seguindo esse raciocínio, os pedidos mais frequentes de sua esposa provavelmente representam a linguagem do amor principal dela.

ATOS DE SERVIÇO
"Será que só eu me importo com a limpeza da cozinha nesta casa?"

Outra maneira de descobrir sua linguagem do amor principal é analisar as coisas que *você* diz ou faz para demonstrar amor por sua esposa. Há uma boa chance de você estar

PRESENTES
"Ela viajou para a capital e não me trouxe nem uma camiseta?"

fazendo para ela o que gostaria que ela lhe fizesse. Caso costume realizar atos de serviço para ela, talvez (mas nem sempre) essa seja *sua* linguagem do amor. Caso você aprecie palavras de afirmação, provavelmente utiliza essa linguagem para comunicar amor por sua esposa. Assim, você poderá descobrir sua linguagem do amor principal simplesmente prestando atenção à maneira como exprime amor por sua esposa.

Essa abordagem não é uma fórmula garantida, mas apenas uma *pista* a respeito da linguagem do amor. Por exemplo, o marido que aprendeu com o pai a exprimir amor por meio de presentes demonstrará amor por sua esposa exatamente dessa forma. Apesar disso, presentear não é a linguagem do amor principal desse marido. Ele está apenas fazendo o que foi treinado por seu pai para fazer.

TOQUE FÍSICO
"Será que tenho alguma doença contagiosa?"

Fale por si mesmo

"Minha linguagem do amor vem à tona muito claramente quando relembro os últimos dez anos de casamento e penso naquilo que mais pedia ao Peter: tempo de qualidade. Repetidamente, pedia que saíssemos para um piquenique ou um passeio, que passássemos um fim de semana fora juntos, que desligássemos a televisão por ao menos uma hora para conversar, e assim por diante. Sentia-me negligenciada e mal-amada em razão de ele raramente atender a meus pedidos. Em vez disso, comprava presentes bonitos em meu aniversário e outras ocasiões especiais e ficava surpreso por eu não me alegrar com isso."

ELIZABETH

Siga o som da crítica

Cônjuges tendem a criticar um ao outro com mais veemência em áreas em que sentem carências emocionais mais profundas. A crítica, porém, é uma forma ineficaz de pedir amor. Compreender isso pode ajudar o casal a lidar com ela de maneira mais produtiva.

Da próxima que vez em que receber uma crítica de sua esposa, faça-lhe a seguinte pergunta: "Essa questão parece extremamente importante para você. Poderia me explicar por quê?". A crítica geralmente precisa ser esclarecida. Iniciar uma conversa desse tipo pode, no final, transformar a crítica em um pedido em vez de uma exigência.

Digamos, por exemplo, que Kristina critique seu marido, Jeff, por pescar, passatempo favorito dele. Ela sabe que isso o ajuda a relaxar e, mais que isso, é uma oportunidade — muito necessária, diga-se de passagem — de ele aproveitar o ar livre na companhia dos amigos. Apesar disso, ela reclama todas as vezes que Jeff sai para pescar, exagerando o tempo que ele gasta com essa atividade e dizendo que nunca tem tempo para ela.

Na verdade, sua crítica talvez não esteja associada à pescaria em si, mas ao fato de ela ser a causa de o marido não cortar a grama ou não ajudar com outras tarefas domésticas. A partir do momento em que Jeff aprender a suprir a necessidade de amor de sua esposa por meio da linguagem do amor dela (nesse caso, atos de serviço), Kristina provavelmente apoiará a paixão dele pela pescaria.

Próximo demais para perceber a diferença

Caso perceba em sua vida duas linguagens do amor igualmente fortes, é possível que você seja bilíngue. Nesse caso, o trabalho de sua esposa será muito mais fácil, pois ela terá duas opções para encher seu tanque de amor, e qualquer uma delas será poderosa para comunicar amor por você.

A fim de desempatar o jogo — isto é, se você desejar eleger uma das duas como sua linguagem do amor principal —, seria interessante conferir o questionário ao final do livro. Reflita cuidadosamente nas opções propostas e, após averiguar o resultado, converse com sua esposa a respeito de suas descobertas. Peça a contribuição dela. Confira se ela percebe em você essa linguagem do amor.

Em seguida, peça a ela que faça o teste!

Caso o questionário não revele uma resposta definitiva, não desista. Em minha experiência, dois tipos de pessoas podem ter dificuldade para descobrir a linguagem do amor principal. O primeiro tipo é o das pessoas cujo tanque de amor emocional está cheio desde o começo; por exemplo, a esposa tem exprimido amor de tantas maneiras a ponto de ele não ser capaz de identificar qual delas é a principal. *Tadinho...* Quem dera todos nós tivéssemos o mesmo problema!

O segundo tipo é formado por pessoas cujo tanque de amor emocional está vazio há tanto tempo que elas não se lembram das coisas que as fazem sentir-se amadas. Embora as circunstâncias que as levaram a essa condição variem de pessoa para pessoa, o que estas têm em comum é a certeza de que não precisam permanecer nessa condição. As linguagens do amor nunca desaparecem; elas apenas adormecem enquanto esperam para ser redescobertas.

A melhor maneira de redescobrir sua linguagem do amor é relembrar a época em que você se apaixonou por sua esposa e perguntar-se: "Do que eu mais gostava nela naqueles dias? O que ela fazia ou dizia que me atraía tanto?". Recuperar essas memórias fornecerá pistas sobre sua linguagem do amor principal.

Com isso em mente, também gostaria de sugerir que você escrevesse aquilo que acredita ser sua linguagem do amor principal e, depois, fizesse uma lista das outras quatro linguagens do amor, por ordem de importância. Escreva também qual você pensa ser a linguagem do amor principal de sua esposa. Seria interessante acrescentar, também em ordem de importância, as demais linguagens do amor dela. Peça a sua esposa que faça o mesmo. Mais tarde, sentem-se juntos e comuniquem qual cada um supõe ser a linguagem do amor principal do outro. Em seguida, informe a sua esposa qual você considera ser a sua linguagem do amor principal.

Uma forma eficaz de confirmar suas descobertas é por meio de um jogo chamado "nível do tanque".

JOGO "NÍVEL DO TANQUE"

Número de jogadores: Dois (você e sua esposa).

Frequência: Três vezes por semana durante três semanas.

Instruções: Quando ambos estiverem em casa, no final do dia, sua esposa começa o jogo perguntando: "Em uma escala de 0 a 10, qual o nível do seu tanque de amor neste momento?" (0 = vazio; 10 = cheio). Pense em um número que represente o nível do seu tanque de amor (10, 9, 8, 7, 6, 5, 4, 3, 2, 1 ou 0) e comunique a sua esposa.

Em seguida, sua esposa pergunta: "O que posso fazer para encher seu tanque?". E você oferece uma sugestão, isto é, alguma coisa que ela possa dizer ou fazer por você naquela noite. Então ela procurará dar seu máximo para atendê-lo.

Depois disso, é sua vez de fazer as mesmas perguntas. O objetivo é que ambos tenham a oportunidade de verificar o nível do tanque de amor um do outro e oferecer sugestões para enchê-lo.

Depois de três semanas vocês ficarão viciados nesse jogo, que tem boas chances de se tornar uma ferramenta estimulante para exprimir amor em seu casamento.

Qual o rumo daqui para a frente?

Conforme mencionamos anteriormente, a maioria das pessoas se casa com alguém cuja linguagem do amor principal é diferente da sua. Caso isso tenha acontecido com você e sua esposa, dediquem algum tempo para conversar sobre essas diferenças.

Digamos que sua linguagem do amor principal seja toque físico e a de sua esposa seja tempo de qualidade. O que isso significa, na prática? Dialoguem o mais francamente possível. Por um lado, significa que sua esposa se sentiria mais confortável em demonstrar amor por você acompanhando-o aos lugares que você gosta de ir ou fazendo as coisas que você gosta de fazer. Por outro, significa que você se sentiria mais confortável demonstrando amor por sua esposa por meio de abraços, beijos, toques carinhosos e massagens.

Opa, opa. Vamos congelar a cena por um instante.

Vocês conversaram apenas sobre o que seria *confortável* para você e para ela. Entretanto, o que é confortável para um não produzirá nenhum impacto no outro. Para se tornarem fluentes na linguagem do amor um do outro, é preciso que vocês saiam de suas respectivas zonas de conforto.

Tomar a decisão de colocar as necessidades de sua esposa acima do seu próprio conforto é, por si só, um ato de amor. Ao fazer isso, você estará demonstrando a ela que está disposto a fazer o que for necessário para tornar o relacionamento de vocês melhor e mais forte — e, ao mesmo tempo, fazendo-a se sentir maravilhosamente amada.

É vital que você esteja ciente desse sacrifício — sua disposição para sair de sua zona de conforto — sempre que se sentir frustrado ou irritado com as tentativas fracassadas de sua esposa de comunicar amor por meio da linguagem que você mais aprecia. Lembre-se de que, para ela, esse processo equivale a aprender uma língua totalmente estranha. Além disso, ela também saiu da própria zona de conforto para ir ao seu encontro.

É necessário, então, demonstrar apreço e gratidão.

Nem sempre funcionará perfeitamente; nem sempre será bom o bastante. Entretanto, trata-se de amor genuíno.

Quanto mais tolerância e compreensão houver enquanto tentam aprender a linguagem de amor um do outro, mais sucesso obterão.

Resumo: descobrindo sua linguagem do amor

Caso você não tenha tempo de ler o capítulo inteiro neste momento, eis os pontos mais importantes, em formato ultracondensado. A fim de identificar sua linguagem do amor principal, responda a estas três perguntas:

1. O que magoa você mais profundamente em relação ao que sua esposa faz ou deixa de fazer? O oposto daquilo que magoa você provavelmente é sua linguagem do amor principal.
2. O que você mais pede a sua esposa? Essa solicitação provavelmente é o que faz você sentir-se mais amado.
3. De que maneira você costuma exprimir amor por sua esposa? Seu modo de exprimir amor pode ser o modo pelo qual você também se sente amado.

8

Resolução de problemas

Em um mundo ideal, homem e mulher descobririam a linguagem do amor um do outro no primeiro encontro. Em seguida, à medida que o relacionamento progredisse, também aumentariam a comunicação e a apreciação mútua. Todos os esforços para se tornarem fluentes coincidiriam com a paixão de um pelo outro. Quando chegassem ao casamento, ambos seriam bilíngues na linguagem do amor.

Como você já deve ter reparado, não vivemos em um mundo ideal, mas num mundo em que o New York Yankees consegue conquistar 27 títulos de campeão mundial em 86 anos enquanto o Chicago Cubs passa mais de um século sem ganhar *um título sequer.*

Brincadeiras à parte, a realidade é que muitos se casam na esteira do romantismo, da empolgação e da paixão sem passar pelo aprendizado da linguagem do amor um do outro. Depois da lua de mel, as pressões e as ocupações do dia a dia deixam o casal com pouco tempo e energia para aprender. Consequentemente, ambos se viram como podem, cada um se apegando à linguagem que conhece melhor.

Esse tipo de atitude, porém, é pouco eficaz para lidar com as muitas questões que encontrarão à frente, como irritações, equívocos, frustrações, medos, insatisfação, tédio, incompatibilidade, tentações, arrependimentos, preocupações.

Com o tempo, os casais descobrem que essa abordagem funciona só até certo ponto (se é que, de fato, funcionou alguma vez). Não importa quanto se esforcem, nunca parece ser o suficiente. O cônjuge nunca parece satisfeito. A paixão que os levou ao altar se dissipa, e restam duas pessoas muito diferentes dos pombinhos de olhar sonhador das fotos do álbum de casamento.

Quer verbalizem quer não, marido e esposa que desejam evitar o divórcio e permanecer juntos têm de encarar uma escolha.

A primeira opção é diminuir as expectativas e aceitar a nova situação. Eles podem optar por um relacionamento menos satisfatório e permanecer juntos por uma série de razões:

- Amor aos filhos.
- Questões financeiras (permanecer casado é menos dispendioso que uma separação).
- Alguma afeição mantida um pelo outro (isto é, ao menos não se *odeiam*).
- Receio de uma mudança drástica de vida (situação que pode ser assustadora).

A segunda opção é descobrir o que há de errado no relacionamento e trabalhar para melhorá-lo. Ou seja, recusar-se a deixar a situação como está e procurar maneiras criativas de comunicar amor e afeição um pelo outro.

Decisão difícil

A segunda opção é a melhor, embora certamente não seja a mais fácil, sobretudo se o casamento já houver sofrido algum dano. Todos os casamentos têm altos e baixos, é claro, mas para alguns casais os altos não são tão elevados quanto gostariam, e os baixos são consideravelmente mais profundos e longos do que imaginavam ser possível.

Com o tempo, esses baixos, incluindo as circunstâncias que os causaram, têm um preço. **Irritações, discórdias e**

erros passados se tornam obstáculos à intimidade. Os estragos causados por guerras emocionais anteriores podem deixar os cônjuges tão feridos a ponto de não conseguirem conversar nem mesmo sobre como foi o dia, que dirá tentar comunicar-se em uma linguagem do amor desconhecida.

Uma vez que o tanque de amor deles está seco, ou na reserva, o ressentimento e a raiva passam a tomar conta. Assim, a questão é: como sair desse campo minado emocional que ambos criaram?

Por onde começar a tratar anos de palavras duras, escolhas lamentáveis, assuntos não resolvidos e ressentimentos silenciosos?

Precisam *decidir* **dar o primeiro passo.**

Assim como o casal decidiu colocar esses obstáculos em seu caminho (ambos *decidiram* dizer palavras duras, *permitiram* que suas emoções falassem mais alto, *escolheram* colocar outas prioridades acima do relacionamento), também pode decidir voltar ao amor.

O amor não apaga o passado, mas pode construir um futuro diferente. Quando escolhemos amar a esposa por meio da linguagem do amor dela, criamos um clima emocional no qual é possível lidar com os conflitos e fracassos do passado.

As palavras certas

Suponhamos que você tenha feito escolhas das quais se arrependeu, mesmo que parecessem justificáveis na época, e que agora essas escolhas estejam destruindo seu casamento. O que fazer? O que dizer?

Primeiro, reconheça que você não tem obrigação de insistir nessas escolhas. Pode optar por uma abordagem diferente, algo que traga mais benefício para seu casamento.

Segundo, encontre coragem para pedir perdão a sua esposa: "Reconheço que magoei você, mas gostaria que tivéssemos um futuro diferente. Gostaria de amar você usando sua linguagem e de suprir suas necessidades". Vi inúmeros casais à beira do divórcio reconstruírem o relacionamento depois de optar pelo amor.

Para onde foi o amor?

Brent entrou em meu escritório com uma expressão dura no rosto e uma atitude aparentemente insensível. Não veio por conta própria, mas a pedido meu. Uma semana antes, sua esposa, Becky, irrompeu em lágrimas naquela mesma cadeira. Entre choro e soluços, ela conseguiu explicar que Brent tinha dito que não a amava mais e queria o divórcio. Estava arrasada.

Quando finalmente conseguiu se recompor, Becky disse: "Nós dois nos lançamos de cabeça em nossas carreiras nos últimos dois ou três anos. Percebi que não estávamos passando tanto tempo juntos como antes, mas imaginei que estivéssemos trabalhando para alcançar o mesmo alvo. Não acredito que o ouvi pedir a separação. Ele sempre foi uma pessoa bondosa e amorosa, e também é um pai maravilhoso para nossos filhos. Como pode fazer uma coisa dessas conosco?".

Fiquei ouvindo enquanto ela descrevia seus doze anos de casada. É uma história comum: depois de um período de namoro empolgante, os dois se casaram no auge da paixão e, passados os ajustes típicos da fase inicial do casamento, começaram a correr atrás do sonho de prosperidade. Como era de esperar, desceram das alturas da paixão para o mundo real sem ter aprendido o suficiente a respeito da linguagem do amor um do outro. Ela atravessou os últimos anos com o tanque de amor pela metade, mas recebia expressões de amor suficientes para crer que tudo estava bem.

Em contrapartida, o tanque de amor de Brent estava vazio. A aparência exterior dele era completamente diferente da de Becky. Enquanto ela chorava, ele se mostrava impassível. Apesar disso, tive a impressão de que ele havia derramado lágrimas (em seu íntimo) algumas semanas ou meses antes. O relato de Brent confirmou minha suspeita.

"Não a amo mais", disse ele. "Na verdade, faz muito tempo que não a amo. Não quero magoá-la, mas nossa intimidade acabou. O relacionamento se tornou vazio. Não tenho mais prazer na companhia dela; não sei o que aconteceu. Queria que fosse diferente, mas não sinto mais nada por ela."

Brent pensava e sentia o que inúmeros maridos pensaram e sentiram ao longo do casamento. A mentalidade do "não a amo mais" dá aos homens a liberdade emocional de procurar amor em outra pessoa. O mesmo vale para as esposas que usam essa desculpa.

Quando duas pessoas se apaixonam

Entendo Brent, pois eu mesmo já estive nessa situação — com o sentimento de vazio emocional, o desejo de fazer a coisa certa (sem machucar ninguém) e, ao mesmo tempo, o desejo de procurar satisfação emocional fora do casamento. Felizmente, descobri logo nos primeiros anos de casamento a diferença entre paixão e "necessidade emocional" de sentir-se amado. A maioria das pessoas ainda não aprendeu essa diferença.

A paixão é praticamente instintiva. Ela não é premeditada; simplesmente acontece no contexto normal do relacionamento entre homem e mulher. Pode ser encorajada ou suprimida, mas não surge por meio de uma escolha consciente. A paixão tem vida curta (geralmente dois anos ou menos) e parece ter, para a humanidade, a mesma função que o canto de acasalamento dos gansos canadenses.

A paixão supre, temporariamente, a necessidade de amor emocional. Dá a sensação de que alguém se importa conosco, de que alguém nos admira e nos aprecia. Nossas emoções vão às alturas quando alguém nos considera *ideal*, quando alguém se dispõe a dedicar tempo e energia exclusivamente para o relacionamento conosco. Por um período curto, a necessidade de amor é suprida. Nosso tanque se enche e nos sentimos capazes de conquistar o mundo. Nada é impossível. Para muitas pessoas, é a primeira experiência de andar com um tanque emocional cheio. E ela nos deixa, simplesmente, eufóricos!

> Não é possível se apaixonar premeditadamente por alguém, mas apenas se deixar levar.

Com o tempo, porém, descemos das alturas para o mundo real. Caso a esposa tenha aprendido a falar nossa linguagem do amor principal, nossa necessidade de amor continuará a ser suprida. Em contrapartida, se ela não falar nossa linguagem do amor, nosso tanque se esvaziará lentamente, até não nos sentirmos mais amados.

Suprir essa necessidade do cônjuge é, sem dúvida, uma opção. Se eu aprender a linguagem do amor emocional da minha esposa e a praticar com frequência, ela continuará a sentir-se amada. Quando acabar a experiência obsessiva da paixão, ela mal perceberá, pois seu tanque de amor continuará cheio. Contudo, se eu não houver aprendido (ou houver decidido não falar) sua linguagem do amor principal, ela sentirá o anseio das necessidades emocionais não supridas quando descer das nuvens da paixão. Depois de alguns anos vivendo com o tanque vazio, provavelmente se "apaixonará" por outra pessoa e o ciclo se repetirá.

Suprir a necessidade de amor de minha esposa é uma escolha que faço todos os dias. Se eu conhecer a linguagem do amor principal dela e a praticar diariamente, suas necessidades emocionais mais profundas serão supridas e ela se sentirá amada e segura. Se ela fizer o mesmo por mim, minhas necessidades emocionais serão supridas e ambos viveremos com nosso tanque de amor sempre cheio. Nesse estado de contentamento emocional, nós dois teremos condições de dedicar energia criativa a projetos fora do casamento enquanto mantemos o relacionamento empolgante e produtivo.

BUSCANDO NO VAZIO

Com todas essas realidades em mente, olhei para o rosto impassível de Brent e me perguntei se havia como ajudá-lo. Sentia que ele, provavelmente, estava envolvido com outra pessoa; talvez ainda na fase inicial da empolgação ou, quem sabe, já no auge da paixão. Poucos homens com o tanque de amor vazio deixam o casamento sem ter alguém em vista para suprir essa necessidade.

Brent foi honesto e revelou que estava apaixonado por outra pessoa havia meses. Tinha esperança de que essa paixão desaparecesse e de que fosse capaz de resolver a situação com a esposa. Entretanto, a situação em casa piorou e seu amor pela outra mulher aumentou. Havia chegado ao ponto em que não conseguia se imaginar vivendo sem seu novo amor.

Entendi o dilema de Brent. Ele realmente não queria magoar a esposa nem os filhos, mas sentia que merecia uma vida feliz. Apresentei-lhe, então, as estatísticas desanimadoras de sucesso no segundo casamento. Ele ficou surpreso, mas estava confiante de que no seu caso seria diferente. Comentei sobre as pesquisas a respeito dos efeitos do divórcio nas crianças, mas ele estava convencido de que poderia continuar a ser um bom pai e de que, com o tempo, os filhos superariam o trauma da separação. Conversei com ele sobre as questões abordadas neste livro e expliquei-lhe a diferença entre a experiência de se apaixonar e a profunda necessidade emocional de sentir-se amado. Explanei as cinco linguagens do amor e desafiei-o a dar mais uma chance a seu casamento.

Eu disse tudo isso sabendo que minha abordagem racional e intelectual a respeito do casamento, considerando as emoções que ele estava experimentando, equivalia a enfrentar uma metralhadora automática com uma espingarda de pressão. Ele agradeceu minha preocupação e pediu que eu fizesse todo o possível para ajudar Becky, mas declarou que não via esperança para seu casamento.

Um mês depois, Brent me ligou para marcar um encontro. Dessa vez, entrou no escritório com uma expressão visivelmente perturbada. Não era o mesmo homem calmo e impassível da outra vez. A amante havia descido das alturas da paixão e começado a ver em Brent coisas que a desagradavam. Ela queria terminar o relacionamento, e Brent estava arrasado. Seus olhos se encheram de lágrimas quando me contou quão importante ela era e quão difícil era enfrentar sua rejeição.

Ouvi por uma hora antes de ele pedir meu conselho. Declarei que entendia sua dor e comentei que ele estava experimentando o sofrimento natural de uma perda, e que essa tristeza não desapareceria de uma hora para outra. Expliquei, contudo, que a experiência era inevitável. Chamei a atenção dele para a natureza temporária da paixão, emoção que, mais cedo ou mais tarde, deixamos para trás ao voltarmos ao mundo real. Alguns perdem a paixão antes mesmo do casamento; outros, depois. Ele concordou que era melhor perdê-la agora que mais tarde.

Depois de alguns momentos conversando, sugeri que aquela crise talvez fosse uma boa ocasião para ele e sua esposa fazerem um aconselhamento. Lembrei-o de que o amor emocional verdadeiro e duradouro é uma escolha, e de que esse amor poderia renascer no casamento, caso ele e a esposa se dispusessem a aprender a linguagem do amor um do outro. Ele concordou em participar do aconselhamento.

Nove meses depois, Brent e Becky deixaram meu escritório com um casamento restaurado. Encontrei Brent três anos depois, e ele me contou que seu casamento estava indo muito bem; agradeceu-me por ajudá-lo em um momento crucial de sua vida. Comentou que a dor da rejeição de sua amante tinha desaparecido havia mais de dois anos. Então sorriu e disse: "Meu tanque de amor nunca esteve tão cheio, e Becky é a mulher mais feliz que você já viu".

Brent teve a felicidade de experimentar o que costumo chamar de desequilíbrio da paixão, isto é, **quase nunca duas pessoas se apaixonam no mesmo dia e quase nunca deixam de amar no mesmo dia.** Não é necessário ter diploma em ciências sociais para reconhecer essa verdade — basta ouvir uma hora de música sertaneja. A amante de Brent perdeu a paixão em um momento muito oportuno.

ENTENDENDO COMO A COISA TODA FUNCIONA

Durante aqueles nove meses de aconselhamento, Brent e Becky trataram vários conflitos não resolvidos. Entretanto, **a chave para a restauração do casamento foi a descoberta da linguagem do amor principal um do outro e a decisão de praticá-la com frequência.**

Em minhas palestras sobre casamento, ouço muito esta pergunta: "E se eu tiver dificuldade para falar a linguagem do amor de meu cônjuge?". Minha resposta é: "Qual é o problema?".

A linguagem do amor principal da minha esposa é atos de serviço. Portanto, uma das coisas que faço com frequência em casa é passar o aspirador. Você acha que isso é algo natural para mim? Minha mãe me obrigava a passar o aspirador. Durante minha infância e adolescência, eu não podia sair aos sábados para jogar bola sem antes passar o aspirador na casa inteira. Naquela época eu disse a mim mesmo que jamais passaria o aspirador na minha própria casa. Encontraria uma esposa que fizesse esse serviço por mim.

Hoje passo o aspirador na casa com frequência. E o faço por apenas uma razão: amor. Não o faria nem por todo o dinheiro do mundo, mas o faço por amor. Atitudes não espontâneas são grandes demonstrações de amor. Minha esposa sabe que minha atitude de passar o aspirador na casa é uma demonstração de amor genuíno, 100% puro — e recebo todo o crédito por isso!

Alguém dirá: "Mas, dr. Chapman, isso é diferente. A linguagem do amor da minha esposa é toque físico, mas eu não sou do tipo 'grudento'. Nunca vi minha mãe e meu pai se abraçando e nunca recebi um abraço deles. Simplesmente não faz parte de mim. O que fazer?".

Bem, você tem duas mãos, não tem? Consegue esticá-las e entrelaçá-las na sua frente? Agora imagine sua esposa no meio. Pronto, basta puxá-la para perto de você. Aposto que, depois de abraçá-la três mil vezes, você se sentirá mais confortável.

No final das contas, **a questão não é nossa própria conveniência**. Estamos falando de amor, e amor é algo que fazemos pelo outro, e não para nós mesmos. A maioria de nós tem de fazer muitas coisas que não nos ocorrem "naturalmente". Por exemplo, podemos ter dificuldade para sair da cama pela manhã; entretanto, deixamos esse sentimento de lado e nos levantamos por acreditar que há coisas importantes a fazer naquele dia. E, em geral, quando chega o final do dia nos sentimos bem por ter saído da cama. Nossas ações, portanto, precedem nossas emoções.

O mesmo se aplica ao amor. Depois de descobrir a linguagem do amor principal de sua esposa, você escolhe falá-la, quer se sinta à vontade quer não. Talvez você não sinta grande entusiasmo ou empolgação enquanto pratica essa linguagem, mas não tem problema, pois não está fazendo isso para si mesmo, e sim para o bem dela. Você deseja satisfazer a necessidade emocional de sua esposa, então se dispõe a falar a linguagem do amor dela. Ao fazê-lo, enche o tanque de amor dela, e é provável que ela passe a falar a *sua* linguagem do amor. Quando ela o fizer, suas emoções voltarão e seu tanque de amor também se encherá.

Amar é uma escolha. E qualquer um dos cônjuges pode começar esse processo hoje mesmo.

Como tratar a raiva juntos?

A raiva, se descontrolada, pode interromper indefinidamente o fluxo das linguagens do amor. Antes de ser possível comunicar amor e afeição genuínos por sua esposa, é necessário:

- Tratar questões emocionais que ainda geram conflitos.
- Elaborar um plano eficaz para lidar com a raiva quando ela surgir.

Neste capítulo, apresento ferramentas, estratégias e estímulos para ajudar você e sua esposa a tratar da raiva e, ao mesmo tempo, fortalecer o relacionamento.

"Não me lembro de ter acessos de raiva antes de me casar", comentou Dan. Embora ele, possivelmente, estivesse enxergando sua época de solteiro com saudosismo, uma coisa era certa: Sarah provocava sua ira. "Fico furioso quando ela me diz determinadas coisas ou me olha *daquele jeito*."

Os questionamentos sarcásticos de Sarah o incomodavam. O que responder a uma mulher que diz: "Você vai cortar a grama ou vou ter de chamar meu pai para fazer o trabalho?".

E, na opinião de Dan, havia coisas ainda piores. Algumas vezes ela inclinava a cabeça de um certo jeito e o encarava. "O que eu percebia nos olhos dela era pior que milhões de palavras condenatórias", desabafou Dan.

Ficava irado porque as observações de Sarah mexiam com sua autoestima, um nervo emocional particularmente sensível.

Quase todos nós queremos ser aceitos, amados, valorizados e respeitados. Assim, quando somos criticados, nossa tendência é reagir na defensiva. Sarah talvez argumentasse que estava criticando o *comportamento* de Dan, e não o próprio Dan. Mas, uma vez que nosso comportamento é uma extensão de quem somos, a maioria dos homens, incluindo Dan, tem dificuldade de fazer essa distinção. Alguma coisa dentro dele dizia: "Não está certo ela me humilhar desse jeito".

O tom de voz de Sarah deixava claro que ela também estava com raiva. A seu ver, Dan não fazia a parte dele nas tarefas da casa. Do ponto de vista dela, a grama do jardim ficava cada vez mais alta enquanto ele se exercitava na academia. E, enquanto ela colocava o lixo para fora, ele assistia televisão.

Não era exatamente a imagem do marido mais amoroso do mundo.

A situação de Dan e Sarah não é, de maneira alguma, incomum. Todos os casais têm de lidar com a raiva. É normal. Aliás, **não há nada de errado em sentir raiva.** O problema é que muitos casais não aprenderam a tratá-la de maneira produtiva. Em vez de lidar com a situação, explodem em sarcasmo — o que acaba por piorar a situação — ou sofrem em silêncio e se distanciam um do outro.

Quantos conseguem olhar para a infância e se lembrar de passeios frustrados, não por mau tempo, mas por explosões de raiva entre os pais? Quantos aniversários arruinados por discussões entre pais que não aprenderam a lidar com a raiva? Quantos feriados miseráveis porque a raiva corre solta?

Infelizmente, a maior parte dos adultos casados nunca aprendeu a lidar de maneira apropriada com a raiva. Como resultado, o casamento se transforma em campo de batalha, e cada um acusa o outro de ter dado o primeiro tiro. Enquanto marido e esposa não aprenderem a lidar com a raiva, jamais alcançarão um casamento bem-sucedido. Seus esforços para aprender a linguagem do amor um do outro nunca produzirão bons resultados — *nunca* mesmo, pois **amor e raiva incontrolável não podem coexistir.** O amor deseja o bem do outro, enquanto a raiva incontrolável deseja apenas magoar e destruir.

SEIS QUESTÕES ESSENCIAIS PARA APRENDER A LIDAR COM A RAIVA

A boa notícia é que os casais podem aprender a lidar com a raiva de maneira responsável. Na verdade, esse aprendizado é *obrigatório* se quiserem sobreviver e progredir. Não é um processo fácil, mas os resultados sem dúvida valem todos os esforços.

Vejamos quais são essas questões essenciais.

1. Reconheça a realidade da raiva.

Quando duas pessoas se unem para construir uma vida juntos, a raiva é inevitável. Existem dois tipos de raiva: *conclusiva*, resultante de uma atitude claramente errada de um dos cônjuges; e *distorcida*, resultante de uma interpretação errônea dos acontecimentos. A maioria dos casais experimenta boa dose desses dois tipos de raiva. É a consciência natural do convívio com seres humanos falíveis. Não há nada de inerentemente errado ou imoral com a raiva; ela é, simplesmente, evidência de nossa preocupação com questões de justiça e equidade. **Quando percebemos uma situação incorreta ou injusta, reagimos naturalmente com raiva.** Não há necessidade de negar esse sentimento nem de condenar a si mesmo ou ao cônjuge por se sentir dessa forma. Não há nada de errado em sentir raiva.

> Um dos presentes mais valiosos que você pode oferecer a sua esposa é liberdade para ela sentir raiva de você.

Conceder o direito de sentir raiva é conceder o direito de ser humano. Este é o ponto de partida para aprender a lidar de maneira positiva com a raiva.

2. Concordem em reconhecer a raiva um para o outro.
Quando estiver com raiva, *comunique* a sua esposa como você está se sentindo (se sua esposa estiver com raiva de você, permita que ela diga como se sente). Em outras palavras, não brinquem de "adivinha o que estou sentindo?". Esse tipo de joguinho é desperdício de tempo e, pior, raramente produz respostas que correspondem à realidade.

Se você está com raiva de sua esposa, é porque ela disse ou fez alguma coisa que você considera inapropriada — ou porque ela deixou de dizer ou de fazer algo que você esperava dela. Em seu entendimento, ela agiu mal e o tratou de modo indelicado, injusto.

Não houve amor.

Nesse momento, o acontecimento que desencadeou a raiva se tornou uma barreira entre vocês. Sua esposa merece saber qual foi; afinal, ela não poderá resolver o problema sem estar ciente da situação.

Cada cônjuge merece saber quando o outro está com raiva e qual o motivo desse sentimento. O compromisso de comunicar um ao outro esse sentimento é um passo gigantesco para tratar da raiva de maneira produtiva.

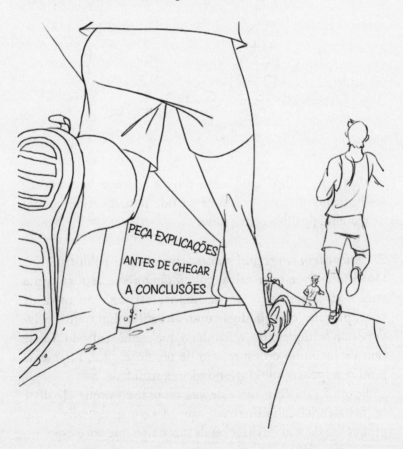

3. Reconheça que explosões verbais ou físicas não são respostas apropriadas para lidar com a raiva.

Explosões doentias de raiva são *sempre* destrutivas e não devem ser consideradas comportamento apropriado. Isso não significa que você e sua esposa farão um acordo de nunca mais perder a calma, mas que ambos assumiram o compromisso de reconhecer que essa é uma reação inapropriada. **Explosões de raiva *sempre* pioram a situação.** E os escombros emocionais resultantes dessas explosões devem ser removidos antes de tratarmos de modo construtivo do acontecimento que desencadeou a raiva.

Uma forma prática de quebrar esse hábito é combinar de deixar o cônjuge raivoso falando sozinho sempre que ele explodir. E, se o cônjuge raivoso sair no encalço do que se retirou, este pode ir para o jardim, para a rua, ou até mesmo dar uma volta no quarteirão, se necessário. Esse distanciamento deve continuar até que o raivoso se acalme.

Caso ambos concordem em seguir essa estratégia, saberão quando é hora de parar (isto é, quando o outro sair de perto) e refletir sobre o que aconteceu. Idealmente, o cônjuge explosivo deverá ter se acalmado quando o outro retornar e deverá ter humildade e presença de espírito suficientes para dizer: "Sinto muito por minha explosão. Fiquei tão magoado e furioso que perdi o controle. Por favor, me perdoe". Caso os dois consigam se reconciliar depois desse lapso momentâneo, poderão discutir o motivo que causou o ataque de raiva.

4. Concordem em buscar uma explicação antes de acusar.

Caso você esteja furioso com sua esposa, sua primeira impressão será a de que o comportamento dela está errado. Procure lembrar-se de que se trata de uma impressão inicial — e não de um fato consumado — até ouvir o lado dela. Afinal, é muito fácil interpretar erroneamente as palavras e as atitudes de outra pessoa.

RESOLVA O PROBLEMA

Digamos que sua esposa volte para casa sem ter comprado o leite que você pediu, apesar de ela ter anotado na lista de compras. A reação automática a esse esquecimento seria ficar zangado pela aparente falta de responsabilidade dela. No entanto, talvez o leite estivesse em falta; talvez ela tenha dado carona a uma colega de trabalho e não tenha passado em frente ao mercado; talvez ela soubesse que ainda há leite suficiente para hoje e por isso planejou comprá-lo no dia seguinte.

Há muitas explicações plausíveis. Portanto, **se você tiver assumido o compromisso de pedir explicações, não julgará enquanto não ouvir o que ela tem a dizer.**

Rob ouviu sua esposa dizer ao telefone que "ele estava atrasado" e que ela "não aguentava a espera". Ele ficou com raiva porque havia se esforçado ao máximo para chegar a tempo e, na verdade, havia se atrasado apenas dois minutos. Apesar disso, pediu explicações à esposa e descobriu que ela estava falando a respeito do bebê de uma amiga que nasceu duas semanas depois do previsto. Mais uma crise evitada.

> Da próxima vez que concluir que sua esposa fez alguma coisa só para provocar sua ira, pergunte-se se você já se enganou alguma vez na vida.

Se é fácil interpretar equivocadamente atitudes e palavras, mais fácil ainda é enganar-se quanto às motivações. Visto que as motivações são internas, não há como saber a razão de uma atitude de sua esposa, a menos que ela a revele. Infelizmente, é comum o marido atribuir à esposa motivações completamente equivocadas.

Jonathan agiu com prudência quando disse: "Posso estar errado, e por isso estou perguntando. Notei que você gastou trezentos dólares em roupas. Pensei que havíamos concordado em não comprar nada acima de cem dólares sem consultar um ao outro até que tivéssemos pagado todas as dívidas". A resposta de Bethany o deixou pasmo.

"Ah, meu amor, eu posso explicar. O pessoal do nosso departamento fez uma vaquinha para comprar um presente de despedida para a Betsy. Eles me pediram para pegá-lo no horário de almoço, pois eu havia planejado encontrar a Ginger no *shopping*. Paguei à vista no cartão e depois cada um me deu vinte dólares. Deu mais ou menos trezentos dólares. Olha, está tudo aqui na minha bolsa." A raiva de Jonathan derreteu rapidamente enquanto contava o dinheiro.

5. Concordem em buscar uma solução.

No caso de Jonathan e Bethany, a raiva foi resolvida depois de ouvir a explicação de Bethany. Entretanto, nem toda raiva é simples de resolver, pois nem todos os incidentes são mal-entendidos. Digamos que Bethany *tivesse* quebrado o acordo de não gastar acima de cem dólares sem consultar o marido e feito uma compra de trezentos dólares. Digamos que sua explicação fosse: "Mas, querido, estava na promoção. Na verdade, acabei economizando duzentos dólares. Além disso, estamos precisando. Não imaginei que você ficaria zangado".

"Bem, fiquei sim", ele poderia ter respondido. "É um produto útil, mas não é uma necessidade. Temos nos virado muito bem sem ele até agora. E você sabe que não podemos arcar com esse gasto. Além do mais, fizemos um acordo e você não cumpriu sua palavra. Acho que você agiu mal."

> Um rápido e sincero "amo você" trocado com sinceridade após um surto de raiva fortalecerá seu relacionamento e o protegerá de eventuais danos.

Esse tipo de confrontação, direta e amorosa, abre a porta para todos os tipos de conversa construtiva e solução de problemas.

6. Concordem em reafirmar o amor um pelo outro.

Uma vez resolvido o episódio de raiva, digam um ao outro com toda a sinceridade: "Eu amo você". O verdadeiro significado dessa expressão é: "Não permitirei que esse incidente nos separe". Vocês ouviram um ao outro, resolveram as diferenças, aprenderam com a experiência e concordaram em prosseguir juntos.

Em situações em que houver injustiça de fato — nas quais um dos cônjuges tiver agido de maneira desrespeitosa, grosseira ou sem amor —, será necessário admitir o erro e mudar o comportamento, e o cônjuge que sofreu a injustiça deverá perdoar. A essa altura, a raiva despertada pelo incidente poderá retroceder, depois de haver cumprido o propósito de fazer ambos os cônjuges assumirem a responsabilidade por seu comportamento.

Caso tenha ocorrido um episódio de raiva distorcida, resultado de um mal-entendido, será necessária uma abordagem diferente. Depois de verificar os fatos, o cônjuge que tirou conclusões precipitadas deverá ter coragem suficiente para admitir seu erro. Em seguida, o casal conversará a respeito da situação que causou o mal-entendido e pensará em maneiras de evitar que o episódio se repita.

Poucas coisas são mais importantes para um casamento bem-sucedido que aprender a lidar com a raiva de modo responsável. Creio que o compromisso sincero de seguir esses seis princípios colocará você e sua esposa no rumo certo para lidar com a raiva de maneira responsável.

Caso você ainda não esteja convencido...

Pesquisas acadêmicas mostram que a raiva faz mal para a saúde:

Um estudo patrocinado pelo estado de Ohio descobriu que trinta minutos de briga conjugal podem acrescentar um dia ou mais ao tempo necessário à cicatrização de uma ferida.

De acordo com um estudo da Universidade de Harvard, homens mais velhos e de temperamento explosivo correm risco três vezes maior de sofrer ataque cardíaco que homens mais calmos.

É UM BOM MOMENTO PARA CONVERSAR?

Quero encerrar este capítulo com uma última sugestão. Em uma ficha de anotação, escreva o seguinte:

No momento, estou com raiva, mas não se preocupe. Eu não quero brigar com você, mas preciso de sua ajuda. É um bom momento para conversar?

Coloque essa ficha no espelho do banheiro ou em outro lugar visível e, da próxima vez que sentir raiva de sua esposa, leia para ela em voz alta e com o máximo de calma que puder. Caso não seja um bom momento para ela, marque outro horário.

Por meio dessa declaração curta, você reconhece sua raiva, afirma seu compromisso de não explodir e exprime seu desejo de ouvir explicações e encontrar uma solução por meio do diálogo.

No horário marcado para tratar do assunto, comece dizendo: "Entendo que posso ter entendido mal o que aconteceu, por isso quero conversar com você. Quero começar dizendo como estou me sentindo e por quê. Depois, se você puder esclarecer a situação, eu ficaria muito grato, pois preciso de ajuda para resolver essa questão". Uma abertura como essa cria um ambiente amigável no qual ambos podem conversar a respeito da situação.

Vez ou outra, a raiva visita todos os lares, mas não precisamos temê-la. Na verdade, **a raiva pode ser uma amiga** e pode ter um papel valioso em seu relacionamento. Ela pode unir você e sua esposa de maneiras que nenhuma outra emoção é capaz de fazer. Toda vez que vocês conseguirem resolver juntos um episódio de raiva, o relacionamento sairá um pouco mais fortalecido.

Seis passos para desarmar um confronto explosivo

Da próxima vez que uma situação provocar raiva, procure seguir esses passos com sua esposa. Para aproveitá-los ao máximo, coloque-os em prática *antes* da situação se desdobrar.

1. **Admita a realidade da raiva.** Quer sua raiva seja conclusiva (legítima) quer distorcida, não se condene por senti-la.

Identifique e admita esse sentimento. Lembre-se de que sentir raiva não é errado.

2. **Concordem em reconhecer um para o outro que estão com raiva.** Exprima claramente sua raiva tão logo ela surja. Não faça sua esposa adivinhar o que você está sentindo com base em seu comportamento. Ambos merecem saber quando o outro está com raiva e qual é a causa desse sentimento.

3. **Concordem que explosões verbais ou físicas não são maneiras apropriadas de lidar com a raiva.** Os dois tipos de explosão só pioram a situação.

4. **Concordem em buscar explicações antes de julgar.** Lembre-se de que sua primeira impressão pode estar errada. É fácil interpretar equivocadamente as palavras e as atitudes de sua esposa. Antes de chegar a conclusões precipitadas, peça explicações. Ela poderá fornecer informações importantes que mudarão sua forma de entender a situação.

5. **Concordem em resolver a situação.** Depois de receber mais informações de sua esposa e conseguir enxergar a situação de modo mais amplo, é hora de encontrar uma solução satisfatória para ambos. Caso sua esposa tenha cometido uma injustiça comprovada, pode ser necessário que ela reconheça o erro e mude de comportamento. Em contrapartida, caso perceba que seu sentimento de raiva é distorcido, quem deverá confessar e mudar de comportamento é você.

6. **Concordem em reafirmar o amor um pelo outro.** Depois de resolverem o episódio, declarem verbalmente, e com sinceridade, o amor de um pelo outro.

10

A arte de pedir perdão

Você possui alguma ferramenta predileta em sua gaveta de ferramentas? Uma que se encaixa perfeitamente em sua mão, a primeira que você pega quando precisa consertar alguma coisa?

Conhece alguma jogada especial no basquete? Alguma manobra que você guarda para aquele momento que precisa se livrar da marcação cerrada ou fazer uma cesta decisiva? Talvez um drible entre as pernas ou um arremesso de três pontos?

Quem sabe tem alguma estratégia no xadrez? Talvez um gambito para pegar o adversário desprevenido?

Um movimento bem executado pode arrebatar a vitória das garras da derrota. Uma estratégia bem planejada pode fazer a diferença entre o sucesso e o fracasso.

Nos capítulos anteriores, tratamos dos obstáculos que podem arruinar seus planos de falar fluentemente a linguagem do amor principal de sua esposa — e arrefecer o desejo dela de falar a sua linguagem.

Não é possível evitar as tentações e frustrações que ameaçam sua intimidade. Não há como retirar palavras já pronunciadas nem desfazer erros cometidos.

Entretanto, com apenas uma ação — um único movimento bem executado — você pode dar um passo gigantesco rumo ao fortalecimento da intimidade com sua esposa e produzir incentivos para ambos aprenderem a linguagem do amor um do outro.

134 | As 5 linguagens do amor para homens

Caso seu objetivo seja ter um bom casamento com sua esposa, sua melhor estratégia é pedir perdão.

Um pedido de perdão bem executado pode acabar com tensões, conflitos e mágoas que vinham se arrastando por meses ou mesmo anos. Pode **mudar o modo como sua esposa pensa em você**, a maneira como ela olha para você. Pode **quebrar barreiras** mais rápido que qualquer outra palavra ou ação.

A questão é: como apresentar um bom pedido de perdão?

O que a maioria das pessoas deseja em um pedido de perdão é sinceridade. Querem que seja um pedido genuíno. O problema, contudo, é que as pessoas têm ideias diferentes a respeito do que significa ser sincero. O que uma pessoa considera sinceridade não o é para outra.

Em meus anos de aconselhamento e de palestras para casais, descobri que, além das cinco linguagens do amor, existem **cinco linguagens do perdão**. Para a maioria das pessoas, uma ou duas dessas linguagens transmitem sinceridade de maneira mais eficiente que as demais.

Para que um pedido de perdão seja aceito por sua esposa, você precisa falar a linguagem (ou linguagens) que melhor transmita sinceridade para ela. Com isso em mente, vejamos quais são as cinco linguagens do perdão.

Gostou deste capítulo? Então vai amar o livro.

Caso queira aprender mais a respeito das cinco linguagens do perdão, leia *As 5 linguagens do perdão*, de Gary Chapman e Jennifer Thomas.

Nessa obra você encontrará discussões desafiadoras a respeito da importância do perdão em seu casamento, em sua família e em seu local de trabalho, bem como dicas práticas sobre como perdoar alguém que o tratou de modo injusto, como se perdoar e como ensinar seus filhos a pedir perdão.

Primeira linguagem do perdão: manifestação de remorso

Demonstrar remorso diz respeito ao aspecto emocional do perdão. O remorso se concentra naquilo que você fez (ou deixou de fazer) e em como isso afetou a outra pessoa — nesse caso, sua esposa. **Exprimir remorso para sua esposa significa mostrar-se consciente de sua culpa, vergonha e angústia por tê-la magoado tão profundamente.**

Caso sua esposa tenha ficado muito magoada, ela desejará que você sinta parte dessa mágoa. Esse desejo não é, necessariamente, um sentimento de vingança. Ela apenas deseja que *você* entenda como ela está se sentindo. Palavras de remorso genuínas mostrarão que você entende.

Um simples "me perdoe" pode contribuir tremendamente para restaurar a boa vontade depois de uma ofensa. É comum o marido que pede desculpas não perceber que faltou dizer essas palavras mágicas. Pode ter certeza, porém, de que a esposa perceberá claramente. Isso porque **a melhor estratégia é iniciar cada pedido de perdão com um sincero "me perdoe".**

> Se você não disse "me perdoe", então não pediu perdão.

Claro que a sinceridade não é medida somente por meio de palavras. A linguagem corporal também deve transmitir remorso.

Os olhos de Jim se encheram de lágrimas quando ele pediu perdão a sua esposa.

Robert olhou bem nos olhos de sua esposa enquanto exprimia remorso.

Irritado, Sean balançou a cabeça, revirou os olhos e, com um suspiro profundo, disse "me perdoe" a sua esposa.

Adivinhe qual esposa não acreditou na sinceridade do marido?

Além de sincero, **o pedido de perdão deve ser específico.** "Peço desculpas por...". Quanto mais detalhes acrescentar, mais sua esposa perceberá que você compreendeu quanto a

"Sei que magoei você. Estou me sentindo um idiota. Por favor, me perdoe."

"Sinto muito por ter ofendido seus pais, mas você também não mostra muito respeito por eles."

"Sinto muito por ter falado daquela maneira com você, mas eu nunca disse que era um santinho."

"A última coisa que desejo é decepcioná-la. Deveria ter pensado melhor antes de falar. Sinto muito por ter magoado você desse jeito."

magoou. E, quanto melhor você compreender a situação, menor a chance de repetir a mesma ofensa no futuro.

Incluir detalhes também é uma forma de oferecer a sua esposa a oportunidade de esclarecer os sentimentos dela. Se você disser: "Sinto muito por fazer a gente chegar atrasado para o programa na escola", sua esposa talvez o surpreenda ao dizer: "Não é por isso que estou chateada. Sábado passado você apressou todo mundo dizendo que odiava chegar atrasado ao cinema. O que me chateia é você não ter essa mesma pressa quando se trata de participar das atividades escolares de nossos filhos".

Além disso, palavras sinceras de remorso precisam ser destacadas. **De modo nenhum devem vir acompanhadas da conjunção *mas*** ("Sinto muito por ter dito que você parece minha mãe, *mas* às vezes você me irrita demais"). Sempre que você coloca a culpa em sua esposa, o pedido de desculpa se transforma em ataque. E ataques nunca levam ao perdão e à reconciliação. Apresentar um pedido de desculpa seguido de uma justificativa ("Sinto muito por ter marcado um jogo de futebol com a turma no dia do nosso aniversário de casamento, mas você tem mais facilidade que eu de se lembrar dessas coisas") anula seu efeito.

Para comunicar sinceridade a sua esposa, é necessário aprender a falar a linguagem do remorso. Você precisa aprender a enxergar de que modo seu comportamento causou mágoa em sua esposa. Reconhecer a dor dela provavelmente a levará a perdoar você.

SEGUNDA LINGUAGEM DO PERDÃO:
ADMISSÃO DE RESPONSABILIDADE

Por que é tão difícil para alguns de nós dizer: "Errei"? De modo geral, nossa relutância em admitir o erro está associada à autoestima. Admitir o erro é considerado sinal de fraqueza. "Somente os perdedores confessam seus erros", raciocinamos. "Pessoas inteligentes tentam mostrar que têm razão em agir de determinada maneira."

Então racionalizamos. Minimizamos nossas *atitudes* e colocamos o foco em nossos motivos.

Essa racionalização frequentemente é fundamentada na tentativa de culpar os outros. Podemos até admitir que nossas palavras ou atitudes não foram necessariamente boas ou corretas, mas acrescentamos rapidamente que nosso comportamento foi provocado por atitudes irresponsáveis de outra pessoa. Jogamos a culpa em alguém porque temos dificuldade em dizer: "Errei".

"Erros foram cometidos. Vamos deixar por isso mesmo."

"Sinto muito por ter irritado você. Não é a primeira vez que isso acontece. Mas sou assim mesmo."

"Não agi corretamente ao falar com você daquela maneira. Tentei justificar meu comportamento e acabei dizendo palavras duras e grosseiras. Espero que você me perdoe."

"Poderia tentar me justificar, mas não há justificativa para o que fiz. A verdade pura e simples é que agi de forma errada e egoísta."

Trata-se de um problema enorme, pois, **para muitas pessoas, a palavra "errei" é justamente o que indica que o pedido de perdão é sincero.** Se sua esposa pertencer a esse grupo, ela não considerará seu pedido genuíno se não vier acompanhado de palavras que exprimam reconhecimento de seu comportamento errado. Compreender essa realidade pode fazer toda a diferença do mundo caso você deseje, sinceramente, se desculpar por seu comportamento.

"Meu marido jamais admite seus erros. Ele simplesmente varre para debaixo do tapete e age como se nunca tivesse acontecido. Quando menciono o assunto novamente, ele responde: 'Não sei do que você está falando. Por que não deixa isso pra lá?'. Se ele admitisse que agiu mal, eu estaria disposta a perdoá-lo. Mas esse negócio de agir como se nada tivesse acontecido é muito difícil de engolir. Gostaria muito de ouvir dele, ao menos uma vez, um simples 'errei.'"

JENNA

"Meu marido Michael é o homem mais honesto que conheço. Não que ele seja perfeito, mas está sempre disposto a admitir suas falhas. Acho que é por isso que o amo tanto, por ele estar sempre disposto a dizer: 'Cometi um erro. Pisei na bola. Você me perdoa?'. Gosto de pessoas dispostas a assumir responsabilidade por seus erros."

LIZZY

"Nossa comunidade considerava meu pai um sujeito bem--sucedido, mas para mim ele era um hipócrita, pois nunca ouvi dele um pedido de perdão, a mim ou a minha mãe. Suponho que essa seja a razão de eu sempre pedir desculpas e estar disposto a reconhecer meus erros. Quero que meus relacionamentos sejam genuínos e sei que isso não acontecerá se eu não estiver disposto a admitir meus erros."

MIKE

Para as pessoas acima, e para muitas outras, ouvir a linguagem do reconhecimento da responsabilidade pelos erros cometidos é a parte mais importante do pedido de perdão. É essa linguagem que convence as pessoas de que o pedido é sincero. Conforme alguém expressou muito bem: "Não é suficiente dizer 'sinto muito'. Quero que ele perceba que agiu mal".

Caso sua esposa compartilhe desse sentimento, será extremamente útil para você se tornar fluente na linguagem do reconhecimento da responsabilidade.

Terceira linguagem do perdão: compensação do prejuízo

A ideia de "consertar o erro" depois de uma falta cometida está incorporada na psique humana. O sistema judiciário e nossas relações interpessoais são profundamente influenciados por esse conceito fundamental. Em anos recentes, o sistema judiciário norte-americano tem enfatizado a ideia de reparação, ou seja, de que o criminoso deve ressarcir a vítima pelos danos causados por seu comportamento ofensivo. Em vez de deixar o criminoso sentado na prisão, exige-se que ele faça reparação à pessoa que ele prejudicou.

"Não me parece justo dizer apenas 'me perdoe'. Quero compensar o que fiz. O que você acha que devo fazer?"

"Sei que fiz você perder tempo. Será que posso doar parte do meu tempo para compensar?"

"Por que você não deixa isso pra lá? Eu comprei flores! Já não é suficiente?"

"Se dizer 'me perdoe' não basta para você, então não sei mais o que fazer."

A ideia de reparação está fundamentada na percepção humana de que **as pessoas devem "pagar" por seus erros**. Esse conceito também é o fundamento da terceira linguagem do perdão: compensação do prejuízo.

No âmbito íntimo do casamento, o desejo de restituição sempre está fundamentado em nossa necessidade de amor. **Depois de sermos profundamente magoados, precisamos da confirmação de que o cônjuge que nos magoou ainda nos ama.** Palavras duras ou atos ofensivos nos fazem duvidar do amor da outra pessoa.

"Como pôde fazer isso comigo?" é a pergunta que fica em nossa mente. Ouvir um: "Sinto muito, eu errei" talvez não seja suficiente. Temos necessidade de saber a resposta para a pergunta: "Você ainda me ama?".

Para algumas pessoas, a compensação do prejuízo é a linguagem do perdão principal. Na visão delas, a admissão do erro deve sempre vir acompanhada da disposição de reparar o dano ("O que posso fazer para mostrar que ainda amo você?"). Caso o ofensor não se esforce para fazer reparação, a pessoa ofendida duvidará da sinceridade do pedido de perdão. Continuará a não se sentir amada, independentemente de quantas vezes ouça: "Sinto muito, errei".

E que tipo de reparação elas esperam?

"Espero ver algum sentimento de contrição, mas também um esforço sincero para reparar o dano causado pela ofensa."

"Espero que ele procure reparar o erro."

"Espero que ela demonstre tristeza sincera e esteja disposta a consertar a situação."

Todas essas pessoas consideram o esforço de fazer reparação uma forte evidência da sinceridade do pedido de perdão. A questão, portanto, é: como compensar o dano da maneira mais efetiva? Uma vez que a essência da restituição é reafirmar para sua esposa que você a ama de verdade, **é fundamental demonstrar essa reparação por meio da linguagem do amor principal dela.**

Para algumas pessoas, um pedido de perdão acompanhado de palavras de afirmação — que lhe digam quão maravilhosas e incríveis elas são — é a única restituição de que necessitam.

Para outras, atos de serviço — limpar a casa, lavar a louça, lavar as roupas — são prova da sinceridade do pedido de perdão.

Receber presentes — algo que demonstre que a outra pessoa pensou nela —, para algumas pessoas, comunica a ideia de "sinto muito" como nenhuma outra coisa.

Para outras, ainda, tempo de qualidade — oferecer atenção total à pessoa enquanto você pede perdão — é restituição suficiente.

Há também as pessoas que consideram que nada fala mais alto que o toque físico. Para essas pessoas, não existe pedido de perdão sincero sem contato físico.

Seja qual for a linguagem do amor de sua esposa, tenha em mente o seguinte: **todo pedido de desculpas genuíno deve vir acompanhado do desejo de reparar o erro, compensar os danos e reafirmar para sua esposa que você se importa de verdade com ela.**

Quarta linguagem do perdão:
arrependimento genuíno

"Temos as mesmas brigas de sempre sobre as mesmas coisas de sempre", disse-me uma mulher casada há quase trinta anos. "Acho que isso acontece com a maioria dos casais. O que me irrita mais não é o que ele faz, mas o fato de ele repetir a atitude de novo e de novo. Ele pede perdão e promete que não vai repetir o erro, mas dali a pouco já está fazendo novamente a mesma coisa; por exemplo, deixando a luz do banheiro ligada ou sendo ranzinza e desagradável. Não quero mais pedidos de desculpa. Quero que ele pare, de uma vez por todas, de fazer coisas que me irritam."

Em outras palavras, essa mulher quer um marido arrependido.

A palavra *arrependimento* significa "mudar de rumo" ou "pensar diferente". No contexto do pedido de perdão no casamento, significa reconhecer seu comportamento destrutivo atual. Significa que você se entristece pela dor que causa a sua esposa e toma a decisão de mudar seu comportamento.

Arrependimento é mais que dizer: "Sinto muito, errei. Como posso consertar?". Arrepender-se é dizer: "Tentarei não fazer a mesma coisa novamente". Para algumas pessoas, o arrependimento é a única prova de um pedido sincero de perdão.

"Me perdoe. Sei que já disse isso antes, mas desta vez é pra valer. Você vai ver."

"Sei que minhas atitudes a magoaram. Não quero mais agir desse modo e gostaria que me desse sugestões para mudar meu comportamento."

"Magoei você de novo com o mesmo erro. O que seria necessário para que você voltasse a confiar em mim?"

"Sinto muito, errei. Mas, se minhas atitudes continuam ofendendo você, talvez seja você que precise mudar. Já pensou nisso?"

Sem arrependimento genuíno, as outras linguagens do perdão para nada servem. O que a pessoa ofendida quer saber é: "Você pretende mudar seu comportamento ou vai fazer isso de novo na semana que vem?".

A linguagem do arrependimento genuíno é o que leva as pessoas a descreverem o pedido ideal de perdão das seguintes formas:

"Mostre que você está disposto a mudar, a fazer diferente da próxima vez."

"Minha expectativa é de que ele encontre maneiras de evitar esse comportamento."

"Espero dele uma mudança de atitude a fim de evitar a repetição dos insultos."

"Quero que ele me mostre um plano de aperfeiçoamento, um plano para resolver a situação e impedir que se repita."

"Tenho a expectativa de que ele não fique com raiva minutos depois ou volte a fazer a mesma coisa."

Esses e muitos outros comentários revelam que, para muitas pessoas, o arrependimento é o componente essencial de um verdadeiro pedido de perdão.

Como, então, falar a linguagem do arrependimento? **Começando com declarações exprimindo a intenção de mudar.** Todo arrependimento verdadeiro começa no coração. Reconhecemos que agimos mal e que nossas ações magoaram alguém que amamos. Não desejamos persistir nesse comportamento e decidimos mudar. Em seguida, verbalizamos essa decisão à pessoa ofendida — nesse caso, a esposa.

Essa decisão pela mudança indica que deixaremos de buscar justificativas. Em vez de minimizar nosso comportamento, assumimos total responsabilidade por nossos atos.

Comunicar a sua esposa sua intenção de mudar equivale a lhe dizer o que está acontecendo dentro de você; é lhe dar um vislumbre do que se passa em seu coração. Geralmente é suficiente para convencê-la de que você tem intenção de cumprir o que está dizendo.

QUINTA LINGUAGEM DO PERDÃO:
PEDIDO DE PERDÃO

Essa linguagem é importante por três razões. A primeira delas **é o fato de que o pedido de perdão indica que você quer restaurar seu relacionamento.** Ron, casado há quinze anos com Nancy, reconhece que sua linguagem do perdão principal é o pedido de perdão. "Quando ela me pede perdão, percebo que não deseja varrer o assunto para debaixo do tapete. Em vez disso, ela quer um relacionamento autêntico. Independentemente do que ela diz em seu pedido de perdão, quando chega ao ponto de verbalizá-lo, sei que está sendo sincera. Facilita muito o processo de perdoá-la, pois percebo que ela valoriza nossa relação mais que qualquer outra coisa, o que me faz sentir muito bem".

A agressão cria uma barreira imediata entre o casal, e o relacionamento não pode avançar sem primeiro a remover. O pedido de perdão, em si, é uma tentativa de remover esse obstáculo. Caso você descubra que sua esposa fala essa linguagem, pode ter certeza de que é a melhor maneira para desobstruir o caminho. Para ela, o pedido de perdão indica que você deseja verdadeiramente restaurar o relacionamento.

A segunda razão da importância dessa linguagem é que o pedido de perdão também **demonstra que você percebeu seu próprio erro**, isto é, que ofendeu sua esposa, quer intencionalmente quer não. Talvez não tenha dito ou feito algo moralmente errado. Talvez tenha dito ou feito algo em tom de brincadeira, mas a magoou muito, a ponto de ela ficar ressentida com você. Em outras palavras, sua atitude criou um abismo entre vocês dois. Nesse sentido, você agiu mal e, portanto, é necessário pedir perdão — especialmente se essa for a linguagem do perdão principal dela. Pedir perdão equivale a uma admissão de culpa. Mostra que você está ciente de que merece algum grau de condenação ou punição.

"Pelo que sei, somente Deus tem poder para perdoar. Eu já falei que sinto muito. Se isso não é suficiente para você, não sei mais o que dizer."

"Sinto muito pela maneira como tratei você. Falei alto e em tom de grosseria. Você não merece isso. Foi muito errado da minha parte. Por favor, me perdoe."

"Gostaria que você parasse de se fazer de vítima. Ficou magoadinha, é? Grande coisa. A vida é assim. Pare com essa choradeira!"

"Percebi que minha atitude a magoou profundamente. Você tem todo o direito do mundo de não falar mais comigo, mas saiba que estou muito arrependido do que fiz. Espero que consiga me perdoar."

A terceira razão é que **o pedido de perdão mostra que você está disposto a colocar o futuro do relacionamento de vocês nas mãos de sua esposa**, a pessoa que sofreu a ofensa. Você reconheceu o erro, exprimiu remorso e até mesmo se ofereceu para fazer reparação. Porém, depois que disse: "Você me perdoa?", você não pode responder por sua esposa. Está nas mãos dela, e somente ela pode decidir. Perdoar ou não perdoar, eis a questão. E o futuro do relacionamento depende da resposta dela. Você não está no controle da situação, algo que muitas pessoas têm dificuldade de aceitar.

O pedido verbal de perdão (depois de você ter expressado seu pesar por meio de uma das linguagens do perdão) é, com frequência, a chave que abre a porta para a possibilidade do perdão e da reconciliação. Pode ser o único elemento em seu pedido de desculpa que sua esposa está esperando ouvir.

"Por favor, me perdoe" é o ingrediente que a convencerá da sinceridade do seu pedido. Sem isso, qualquer outra declaração ("Sinto muito", "Errei", "Tentarei melhorar", "Prometo não fazer isso novamente" etc.) soará superficial para ela. Caso o pedido de perdão seja a linguagem principal de sua esposa, você precisará aprender a falar essa língua se quiser que ela considere sinceras suas expressões de pesar.

UMA ÚLTIMA PALAVRA

Não é fácil dominar a arte de pedir perdão. Para a maioria das pessoas, não é uma linguagem natural, mas pode ser aprendida por todos. E vale o esforço. Pedir perdão abre as portas para um universo de saúde emocional e espiritual. O ato de pedir perdão permite que nos olhemos no espelho e que olhemos nossa esposa nos olhos.

Lembre-se: aqueles que pedem perdão com sinceridade são os que têm maior chance de ser de fato perdoados.

Perguntas frequentes

1. E se eu tiver dificuldade de descobrir minha linguagem do amor principal?
"Preenchi o perfil das cinco linguagens do amor e minha pontuação foi quase igual para todas as linguagens, exceto para presentes. Pelo menos sei que essa não é minha linguagem principal. O que devo fazer?"

Neste livro apresento três abordagens para descobrir sua linguagem do amor.

- Em primeiro lugar, observe sua forma habitual de expressar amor. Por exemplo, caso goste de fazer coisas pelos outros, sua linguagem do amor pode ser atos de serviço. Caso goste de ajudar as pessoas por meio de palavras de apoio, sua linguagem do amor provavelmente é palavras de afirmação.
- Segundo, pense em suas queixas mais frequentes. Caso você diga a sua esposa: "Acho que você nunca faz carinho em mim por iniciativa própria", é sinal de que toque físico é sua linguagem do amor principal. Caso você diga a sua esposa, depois de ela voltar das compras: "Trouxe alguma coisa para mim?", sua linguagem do amor é presentes. Declarações do tipo "Nunca passamos um tempo juntos" apontam para a linguagem do tempo de qualidade. Essas queixas revelam os desejos íntimos (se você tem dificuldade para lembrar as coisas

das quais se queixa com mais frequência, pergunte a sua esposa; ela saberá).

- Terceiro, pense nos pedidos que você faz a sua esposa com mais frequência. "Poderia fazer uma massagem nas minhas costas?" manifesta que deseja toque físico. "O que você acha de passarmos um fim de semana fora este mês?" mostra um desejo de tempo de qualidade. "Você poderia arrumar o guarda-roupas amanhã?" expressa um desejo de atos de serviço.

Um marido me contou que descobriu sua linguagem do amor simplesmente por eliminação. Começou percebendo que presentear não era sua linguagem, então sobraram quatro. Em seguida, perguntou-se: "Se eu tivesse que abrir mão de uma dessas quatro linguagens do amor, de qual delas desistiria primeiro?". A resposta dele foi tempo de qualidade. "Dentre as três que sobraram, se tivesse que abrir mão de mais uma, qual seria?" Ele concluiu que, exceto nas relações sexuais, abriria mão do toque físico, pois poderia viver sem abraços, mãos dadas ou afagos no rosto. Sobraram atos de serviço e palavras de afirmação. Embora apreciasse as coisas que sua esposa fazia por ele, percebeu que as palavras de afirmação de sua esposa eram o que mais mexia com seu coração. Era capaz de passar um dia inteiro todo sorridente com um só comentário positivo vindo dela. O que ela dizia, então, significava muito para ele. A partir daí, não foi difícil concluir que sua linguagem do amor principal era palavras de afirmação e que atos de serviço era sua linguagem secundária.

2. E se eu tiver dificuldade em descobrir a linguagem do amor da minha esposa?

"Minha esposa não leu o livro, mas conversamos a respeito das linguagens do amor. Ela disse que não sabe qual é a linguagem dela."

Minha primeira sugestão é que você presenteie sua esposa com um exemplar de *As 5 linguagens do amor*. Caso ela leia, é bem provável que queira falar a respeito das linguagens do amor com você. Mas, se ela não se interessar ou não tiver tempo de ler, sugiro que você procure respostas em variações das três abordagens discutidas na questão anterior.

- De que maneira sua esposa costuma expressar amor?
- Quais são as queixas mais frequentes que ela expressa?
- O que ela lhe pede com mais frequência?

Embora algumas reclamações de sua esposa possam irritá-lo, na verdade são dicas valiosas. Por exemplo, se sua esposa diz: "Nunca passamos tempos juntos", talvez você se sinta tentado a dizer: "Como assim? Saímos para jantar quinta-feira passada!". Esse tipo de comentário defensivo colocará um fim à conversa. Se, contudo, você responder: "O que você gostaria de fazer?", provavelmente receberá uma resposta bem mais útil. As queixas de sua esposa são fortes indicadores da linguagem do amor principal dela.

Outra abordagem é fazer um experimento de cinco semanas. Na primeira semana, focalize uma das cinco linguagens do amor e procure praticá-la todos os dias (de segunda a sexta). Observe as reações dela e, no fim de semana, descanse. Na segunda semana, focalize outra linguagem. Prossiga assim até completar as cinco linguagens do amor, uma a cada semana. Na semana em que você começar a falar a linguagem do amor de sua esposa, poderá observar uma diferença notável no rosto dela e em sua atitude em relação a você. Será possível perceber, de maneira muito óbvia, que aquela é a linguagem do amor principal dela.

3. Nossa linguagem do amor principal muda com o tempo?

Acredito que a linguagem do amor principal tende a permanecer a mesma a vida toda. É uma característica semelhante a muitos outros traços de personalidade — desenvolvem-se desde cedo e com o tempo ficam mais perceptíveis. Por exemplo, um adulto bem organizado provavelmente era organizado quando criança. Alguém despreocupado e menos organizado já era assim quando criança. O mesmo se poderia dizer a respeito de muitos outros traços de personalidade.

Entretanto, determinadas situações na vida tornam as outras linguagens do amor muito atraentes. Por exemplo, sua linguagem do amor principal talvez seja palavras de afirmação, mas, se você estiver trabalhando em dois empregos, os atos de serviço de sua esposa poderão se tornar extremamente atraentes a você. Caso ela demonstre amor somente por meio de palavras de afirmação, mas não ajude em nenhuma outra tarefa da casa, você talvez comece a se queixar: "Estou cansado de ouvir que você me ama, mas não levanta uma palha para me ajudar". Durante essa fase em dois empregos, é possível que os atos de serviço se tornem sua linguagem do amor principal. Se, contudo, sua esposa deixasse de dizer palavras de afirmação, você perceberia rapidamente que essa ainda é sua linguagem do amor principal.

Caso você esteja sofrendo com a morte de um dos pais ou de um amigo chegado, receber um abraço apertado de sua esposa talvez seja a coisa mais reconfortante do mundo naquele momento, mesmo que toque físico não seja sua linguagem principal. Existe algo profundo no ato de receber um abraço em um momento de dor ou tristeza, que nos faz sentir amados. Portanto, embora o toque físico não seja sua linguagem principal, pode ser muito expressivo em determinadas ocasiões.

4. O conceito das cinco linguagens do amor também funciona com as crianças?

Sim, com certeza. Todas as crianças têm um tanque de amor. Nesse caso, receber amor dos pais fará com que se desenvolvam normalmente. Em contrapartida, caso o tanque de amor da criança esteja vazio, ela crescerá com muitos conflitos internos. E, quando chegar à adolescência, provavelmente sairá à procura de amor, geralmente nos lugares errados. Portanto, é extremamente importante que os pais aprendam a amar seus filhos de maneira eficiente. Algum tempo atrás fiz uma parceria com a psiquiatra Ross Campbell para escrever *As 5 linguagens do amor das crianças*. É um livro escrito para os pais com o propósito de ajudá-los a descobrir a linguagem do amor principal de seus filhos. Nessa obra também analisamos como a linguagem do amor está associada à raiva, ao aprendizado e à disciplina da criança.

Uma das questões que abordamos na obra é o fato de que as crianças precisam aprender a expressar e a receber amor em todas as cinco linguagens. Esse processo produzirá adultos emocionalmente saudáveis. Assim, os pais são incentivados a alimentar seus filhos com doses maciças de amor utilizando a linguagem do amor principal deles, salpicando com frequência as outras quatro linguagens do amor. Quando as crianças recebem amor por meio das cinco linguagens, aprendem a expressar amor por meio de todas elas.

5. As linguagens do amor da criança mudam quando ela chega à adolescência?
Um pai escreveu: "Li *As 5 linguagens do amor das crianças* e foi uma grande ajuda na educação dos nossos filhos. No entanto, nosso filho chegou à adolescência e as coisas que vínhamos fazendo antes não parecem mais surtir efeito. Será que a linguagem do amor principal dele mudou?".

Não acredito que a linguagem do amor de uma criança se altere na adolescência. Entretanto, é necessário aprender novas maneiras de falar sua linguagem do amor principal nessa nova fase. As coisas que fazíamos no passado são consideradas infantis, e os adolescentes não querem mais saber delas.

Caso a linguagem do amor de seu filho adolescente seja toque físico, ele provavelmente se afastará resmungando: "Me deixe em paz!" se você tentar exprimir amor como fazia no passado, quando o abraçava e o enchia de beijinhos. Isso não significa que ele não precisa mais de toque físico, mas apenas que considera infantil esse tipo de demonstração. É necessário aprender um dialeto do toque físico mais ao gosto dos adultos — por exemplo, uma leve cotovelada, um soquinho no ombro, um tapinha nas costas... Talvez até mesmo uma brincadeira de luta. Essas formas de tocar comunicam amor ao adolescente. A pior coisa que você pode fazer a um adolescente cuja linguagem do amor é o toque físico é se afastar quando ele diz: "Não me toque".

Confira mais informações a respeito da adolescência no livro *As 5 linguagens do amor dos adolescentes*.

6. E se a linguagem do amor principal de minha esposa for difícil para mim?
"Cresci em uma família que não gostava muito de contato físico, mas descobri que a linguagem do amor principal de minha esposa é toque físico. É extremamente difícil para mim tomar a iniciativa."

A maioria cresceu falando apenas uma ou duas linguagens do amor. Essas serão mais fáceis de exprimir por se manifestarem de modo mais natural. As demais linguagens terão de ser aprendidas. A boa notícia é que esse aprendizado pode ser feito por qualquer pessoa. E, como em todo aprendizado, pequenos passos representam um ganho maior no futuro.

Caso toque físico seja a linguagem do amor principal de sua esposa e você tenha pouca ou nenhuma intimidade com a arte de tocar, comece com pequenas coisas, como colocar a mão no ombro dela enquanto lhe serve uma xícara de café ou tocá-la de leve no ombro quando passar perto dela. Esses toques simples começarão a derrubar a barreira do contato físico. Quanto mais você a tocar, mais fácil ficará. Qualquer um pode se tornar perito na linguagem do toque físico.

O mesmo vale para as outras linguagens. Caso não tenha aptidão para palavras de afirmação e tenha descoberto que sua esposa fala essa linguagem, faça uma lista de frases ouvidas de outras pessoas ou na mídia. Depois, em frente ao espelho, leia essas frases até que lhe soem naturais. Em seguida, escolha uma delas para dizer a sua esposa. Cada tentativa tornará a próxima mais fácil. Sua esposa gostará de sua mudança de comportamento, e você também se sentirá bem consigo por saber demonstrar de maneira eficiente que a ama.

7. Há linguagens mais faladas por homens e outras mais típicas de mulheres?
Nunca pesquisei quais linguagens são mais faladas por homens e quais são mais típicas de mulheres. A cultura popular parece sugerir que homens gostam mais de toque físico e de palavras de afirmação, enquanto mulheres preferem tempo de qualidade e presentes. Não sei, porém, se essa percepção corresponde à realidade.

Prefiro considerar que as linguagens do amor são neutras quanto ao sexo. Em termos estatísticos, sei apenas que qualquer uma das cinco linguagens do amor pode ser a principal de um homem ou de uma mulher. O mais importante para o casal é descobrir a linguagem principal e a secundária um do outro e usá-las com frequência. Faça isso e você criará um ambiente emocional saudável para o desenvolvimento conjugal.

8. Como você descobriu as cinco linguagens do amor?
Por muitos anos, ajudei casais na descoberta, durante o aconselhamento, do que o outro cônjuge desejava para se sentir amado. Com o tempo, comecei a enxergar um padrão nas

respostas deles. Descobri que aquilo que faz uma pessoa sentir-se amada não funciona, necessariamente, para outra. Com isso em mente, reli todas as minhas anotações, levantando a seguinte pergunta: "Quando um cônjuge diz: 'Sinto que ele (ou ela) não me ama', o que exatamente essa pessoa deseja?". As respostas se encaixaram em cinco categorias. Posteriormente, passei a chamá-las de cinco linguagens do amor.

Comecei a falar dessas linguagens em palestras e estudos em grupo e observei muitos casais perceberem as coisas que faltavam na vida emocional um do outro. Depois de descobrirem e começarem a falar a linguagem do amor principal um do outro, o clima emocional de seu casamento mudou radicalmente.

Decidi escrever um livro para poder compartilhar esse conceito, na esperança de influenciar casais com os quais eu nunca teria a oportunidade de conversar pessoalmente. Agora que o livro vendeu mais de nove milhões de cópias só em inglês e foi traduzido para cinquenta línguas, meus esforços foram amplamente recompensados.

9. As linguagens do amor também funcionam em outras culturas?

Visto que tenho formação acadêmica em antropologia, essa foi minha primeira pergunta quando uma editora pediu permissão para traduzir e publicar o livro em espanhol. "Não sei se o conceito se aplicará em espanhol", falei ao editor. "Eu o descobri no contexto norte-americano."

O editor respondeu que havia lido o livro e que ele se aplicaria, sim, em espanhol. Em seguida surgiram edições em francês, alemão, holandês e muitas outras. Uma vez que o livro se tornou sucesso de vendas em quase todas as culturas, creio que as cinco maneiras de exprimir amor são universais.

Entretanto, os *dialetos* em que essas linguagens são faladas diferem de uma cultura para outra. Por exemplo, os tipos de toque apropriados em uma cultura podem não ser apropriados em outra. Os atos de serviço falados em uma cultura talvez não sejam iguais em outra. Mas, depois de realizadas as devidas adaptações culturais, o conceito das cinco linguagens do amor exerce um impacto profundo nos casais dessa cultura.

10. Em sua opinião, qual a razão do sucesso de *As 5 linguagens do amor*?

Creio que a necessidade emocional mais profunda do ser humano é sentir-se amado. Para os casados, a pessoa da qual mais desejam receber amor é o cônjuge. Quando nos sentimos amados pelo cônjuge, o mundo se torna um lugar maravilhoso e cheio de vida. Em contrapartida, caso nos sintamos rejeitados ou ignorados, o mundo começa a parecer sombrio.

A maioria das pessoas se casa no auge da euforia da paixão. Quando esses sentimentos evaporam, algum tempo depois do casamento, as diferenças começam a surgir e, com frequência, produzem conflitos. Sem uma estratégia saudável para resolver esses conflitos, ambos recorrem a brigas e discussões, o que acaba gerando mágoa, frustração e raiva. Com o tempo, eles não apenas se sentem mal-amados, mas começam a guardar rancor um do outro.

Depois de ler *As 5 linguagens do amor*, o casal descobre por que perdeu o sentimento romântico do namoro e como o amor emocional pode ser reavivado em seu relacionamento. Ao começar a falar a linguagem do amor principal um do outro, eles se surpreendem com a rapidez com que suas emoções se tornam agradáveis. Com o tanque de amor cheio, começam a lidar com seus conflitos de maneira mais positiva e a encontrar soluções viáveis.

O renascimento do amor emocional produz um clima emocional positivo entre eles, e ambos aprendem a trabalhar em equipe, encorajando, apoiando e ajudando um ao outro a alcançar objetivos relevantes.

158 | As 5 linguagens do amor para homens

Quando isso acontece, surge o desejo de compartilhar a mensagem das cinco linguagens do amor com todos os amigos. Acredito que o sucesso de *As 5 linguagens do amor* pode ser atribuído aos casais que leram o livro, aprenderam a falar a linguagem do amor um do outro e o recomendaram a amigos.

11. E se eu a falar a linguagem do amor da minha esposa e nada acontecer?

"Minha esposa não quis ler o livro, de modo que resolvi falar a linguagem do amor dela para ver o que aconteceria. Nada aconteceu. Ela nem mesmo percebeu que eu estava agindo diferente. Por quanto tempo devo continuar a falar a linguagem do amor dela quando não há nenhum retorno?"

É muito desanimador quando percebemos que nossos esforços para melhorar o casamento não trouxeram resultado. Há duas possibilidades para o fato de sua esposa não estar reagindo. A primeira, e mais provável, é você estar falando a linguagem errada.

Muitos maridos supõem que a linguagem do amor da esposa seja atos de serviço e saem, alucinados, fazendo uma porção de coisas pela casa. Trata-se de uma tentativa sincera de falar a linguagem do amor da esposa. Porém, quando veem que ela nem mesmo percebeu o esforço, ficam desanimados.

Na realidade, a linguagem do amor principal da esposa talvez seja palavras de afirmação. Uma vez que o marido não sente amor vindo dela, por vezes começa a criticá-la verbalmente. A esposa, por sua vez, recebe essas críticas como punhais no coração. Então ela se afasta; sofre em silêncio enquanto o marido se frustra cada vez mais com a inutilidade de seus esforços para melhorar o casamento. O problema não está na sinceridade do marido, mas no fato de ele estar falando a linguagem errada.

Em contrapartida, supondo que você esteja falando a linguagem correta, há outra razão para sua esposa não reagir de maneira positiva. Ela pode estar envolvida em outra relação romântica (emocional ou sexual). Nesse caso, ela considerará que seus esforços chegaram tarde demais. Pode, inclusive, considerá-los temporários e insinceros, como se você estivesse apenas tentando manipulá-la para que permaneça no casamento. E, mesmo que ela não esteja envolvida com outra pessoa, se o relacionamento de vocês tem sido de hostilidades há muitos anos, ela também poderá considerar seus esforços uma tentativa de manipulação.

A melhor abordagem é continuar a falar a linguagem do amor dela todos os dias, independentemente de como ela o tratar. Estabeleça um objetivo de seis meses, nove meses ou um ano. Seu pensamento deve ser o seguinte: "Vou amar essa mulher por meio da linguagem do amor dela, não importa como ela me trate. Caso ela me abandone, estará abandonando um homem que a ama incondicionalmente". Essa atitude o ajudará a manter-se firme em seu propósito quando bater o desânimo.

Não há nada mais poderoso que seguir amando sua esposa, ainda que ela não demonstre reação alguma. Seja qual for a resposta definitiva dela, você viverá com a satisfação de saber que fez tudo o que estava a seu alcance para restaurar seu casamento. Caso ela decida corresponder a seu amor, você terá mostrado a si mesmo o poder do amor incondicional e colherá os benefícios do renascimento do amor mútuo.

12. O amor pode retornar depois de uma traição?

Nada causa mais destruição à intimidade conjugal que a infidelidade sexual. A relação sexual cria uma ligação profunda entre duas pessoas. Em quase todas as culturas, o casamento é celebrado por meio de uma cerimônia pública e, posteriormente, consumado no âmbito particular em uma relação

160 | As 5 linguagens do amor para homens

sexual. O sexo visa exprimir o compromisso mútuo para a vida toda. O rompimento desse compromisso é devastador.

Não significa, porém, que o casamento esteja fadado ao divórcio. Se a parte que traiu estiver disposta a encerrar o envolvimento extraconjugal e a trabalhar arduamente para reconstruir o casamento, é possível haver restauração genuína.

Em minha experiência de aconselhamento, vi muitos casais restaurarem o casamento depois de um caso de infidelidade sexual. Essa restauração envolve não apenas terminar o romance extraconjugal como também descobrir qual foi a principal causa da traição.

O sucesso da restauração requer dois procedimentos. Primeiro, a parte que traiu deve estar disposta a examinar sua própria personalidade, bem como as crenças e o estilo de vida que a levaram à traição. Deve haver a disposição de mudar atitudes e padrões de comportamento. Segundo, o casal deve estar disposto a analisar honestamente a dinâmica do casamento, a fim de eliminar padrões destrutivos e instaurar atitudes positivas de integridade e sinceridade. De modo geral, ambas as soluções exigirão a ajuda de um conselheiro profissional.

Pesquisas mostram que os casais com maior chance de sobreviver a uma infidelidade sexual são aqueles em que marido e mulher receberam aconselhamento individual e em conjunto. Compreender as cinco linguagens e decidir falar a linguagem um do outro produzirá um clima emocional adequado para que o trabalho árduo da restauração matrimonial seja bem-sucedido.

13. O que fazer quando a esposa se recusa a falar a linguagem do amor do marido, mesmo que ela a conheça?

"Dois meses atrás, minha esposa e eu lemos *As 5 linguagens do amor*, analisamos nosso perfil e conversamos a respeito da linguagem do amor principal de cada um. Minha esposa sabe que falo a linguagem das palavras de afirmação. Mesmo assim, ainda não ouvi uma única palavra positiva. A linguagem dela é atos de serviço, e tenho feito muitas tarefas domésticas que ela me pede. Acho que ela gosta do que estou fazendo, mas não expressa o que pensa."

Quero começar dizendo que não podemos obrigar a esposa a falar nossa linguagem do amor. O amor é uma escolha. Podemos pedir, mas nunca exigir. Dito isso, quero sugerir algumas razões pelas quais sua esposa se recusa a falar sua linguagem do amor.

Ela pode ter sido educada em um lar em que a linguagem das palavras de afirmação era pouco falada, ou talvez os pais dela fossem demasiadamente críticos com ela. Assim, ela não tem referências positivas dessa linguagem e, por isso, talvez verbalizar seja muito difícil para ela. Exigirá um bocado de esforço da parte dela e paciência de sua parte, enquanto ela aprende a falar uma linguagem que lhe é totalmente desconhecida.

Outra razão pela qual sua esposa pode não estar falando sua linguagem do amor talvez seja porque ela tema que retribuir com palavras de afirmação as poucas mudanças que ela viu em você o faça relaxar e parar de fazer as mudanças maiores que ela espera de você. É a ideia equivocada de que recompensar atos menores pode fazer com que a pessoa deixe de melhorar. Esse mito também impede os pais de dizer palavras de afirmação a seus filhos. Obviamente, é uma ideia falsa. Caso a linguagem do amor principal de uma pessoa seja palavras de afirmação, exprimir amor dessa maneira é, na verdade, um incentivo para que a pessoa busque realizações cada vez maiores.

Sugiro que você tome a iniciativa de propor a sua esposa o jogo "nível do tanque" (capítulo 7). Nesse jogo, você pergunta a ela: "Em uma escala de zero a dez, como está o nível do seu tanque de amor hoje?", e, se ela responder qualquer número abaixo de dez, você pergunta: "O que posso fazer para completar seu tanque?". Ao ouvir a resposta de sua esposa, fará todo o esforço para atender a seu pedido. Se fizer esse jogo uma vez por semana durante um mês, há grande probabilidade de que ela também comece a se interessar pelo nível do seu tanque. Nesse momento, você também poderá lhe fazer pedidos. É uma forma divertida de ensiná-la a falar sua linguagem do amor.

14. É possível recuperar o amor emocional depois de trinta anos de tanque vazio?

"Não somos inimigos. Não brigamos. Apenas vivemos na mesma casa como colegas que dividem um espaço."

Gostaria de responder a essa pergunta com uma história real. Depois de uma palestra, um casal veio conversar comigo. O marido disse: "Viemos agradecer por você ter revigorado nosso casamento. Estamos casados há trinta anos, mas os últimos vinte anos foram extremamente vazios. Para você ter uma ideia de quanto nosso casamento vai mal, não tiramos férias juntos há vinte anos. Apenas moramos na mesma casa, tentando conviver bem um com o outro, e é só isso.

"Um ano atrás, compartilhei essa dificuldade com um amigo; ele me deu uma cópia de seu livro *As 5 linguagens do amor* e disse: 'Leia. Vai ajudá-lo muito'. A última coisa que eu queria fazer era ler outro livro, mas voltei para casa e o li inteirinho naquela mesma noite. Eram quase três horas da madrugada quando terminei. A cada capítulo, eu percebia como deixamos de falar a linguagem do amor um do outro ao longo dos anos.

"Passei o livro para minha esposa e pedi a ela que lesse e me desse sua opinião. Duas semanas depois, ela disse: 'Li o livro'. 'E o que achou?', perguntei. 'Acho que se o tivéssemos lido trinta anos atrás, nosso casamento teria sido muito diferente'. 'Exatamente o que pensei', respondi; e acrescentei: 'Você acha que faria alguma diferença se tentássemos agora?'. E ela responpondeu: 'Não temos nada a perder'.

"Conversamos a respeito da linguagem do amor principal um do outro e concordamos em praticar ao menos uma vez por semana para ver o que aconteceria. Se alguém me tivesse dito que em dois meses eu voltaria a sentir amor por ela, eu jamais teria acreditado. Mas foi o que aconteceu".

Nesse momento, a esposa dele falou: "Se alguém me tivesse dito que eu sentiria amor por ele novamente, eu teria dito: 'De jeito nenhum. Passou muita água debaixo dessa ponte'". E acrescentou: "Acabamos de tirar nossas primeiras férias juntos em vinte anos e foi uma maravilha. Dirigimos quase setecentos quilômetros para vir a sua palestra e desfrutamos cada momento juntos. Estou triste por termos desperdiçado tanto tempo apenas dividindo a mesma casa, quando poderíamos ter um relacionamento amoroso. Muito obrigada por ter escrito esse livro".

"Muito obrigado por ter me contado essa história", respondi. "É um grande estímulo para mim. Espero que vocês vivam os próximos vinte anos de forma tão empolgante a ponto de quase não se lembrarem dos últimos vinte anos."

"É exatamente o que pretendemos fazer", disseram ambos ao mesmo tempo.

É possível o amor emocional retornar depois de trinta anos de casamento? Sim, desde que ambos estejam dispostos a falar a linguagem do amor um do outro.

15. Sou solteiro e gostaria de saber como as linguagens do amor se aplicam a mim.

Ao longo dos anos, ouvi muitos adultos solteiros dizerem: "Você escreveu para adultos casados, mas eu li o livro e ele me ajudou muito em todos os meus relacionamentos. Por que não escreve um livro tratando das cinco linguagens do amor para solteiros?". E assim nasceu a obra *As 5 linguagens do amor para solteiros*, livro em que procuro ajudar adultos solteiros a aplicar o conceito das linguagens do amor a todos os relacionamentos. Logo no início do livro, procuro mostrar por que sentiram amor (ou não) durante a infância.

Um jovem encarcerado me disse: "Obrigado por falar das cinco linguagens do amor. Pela primeira vez em minha vida, compreendi que minha mãe me ama. Descobri que minha linguagem do amor é toque físico, mas ela nunca me abraçou. Na verdade, o primeiro abraço que recebi dela foi no dia em que fui preso. Apesar disso, ela fala com muito vigor a linguagem dos atos de serviço. Percebi como ela trabalhou arduamente para prover alimento, roupas e um lugar para morarmos. Agora sei que me amava; apenas não sabia falar a minha linguagem. Hoje entendo que o afeto dela é real".

Também ajudo solteiros a aplicar o conceito das linguagens do amor nos relacionamentos em casa, no trabalho e no namoro. Os comentários que ouvi de adultos solteiros são muito animadores. Caso você seja solteiro, espero que descubra o que muita gente já descobriu: demonstrar amor por meio da linguagem do amor principal das pessoas melhora todos os relacionamentos.

16. Como falar a linguagem do amor do meu cônjuge quando estamos temporariamente separados (p. ex., trabalho, faculdade, viagem de negócios)?

Recebo muitas perguntas a respeito de como aplicar as cinco linguagens do amor em relacionamentos à distância. O toque físico e o tempo de qualidade são especialmente problemáticos nessa circunstância. A resposta mais simples é usar a criatividade e comprometer-se a permanecer conectado apesar da distância.

Caso sua linguagem do amor seja toque físico, eis algumas ideias para falar a linguagem um do outro. Levar uma fotografia do cônjuge na carteira como lembrete dos momentos bons que passaram juntos; outros itens materiais também podem servir, como uma camisa, um perfume ou outro objeto pessoal. Vocês podem também trocar telefonemas ou mensagens eletrônicas (*e-mails*, SMS etc.) e falar de quanto gostam da companhia um do outro. Outra ideia é marcar em um calendário os dias restantes até poderem se reencontrar. Essas são apenas algumas das atividades que podem ajudar a satisfazer, ao menos em parte, sua linguagem do amor por meio de toque físico.

Com relação ao tempo de qualidade, todo tempo gasto para manter contato e incentivar um ao outro por meio de telefonemas, mensagens, presentes etc. é tempo de qualidade. Evidentemente, não é a forma ideal, mas mesmo assim é tempo de qualidade. É preciso aprender a enxergar e apreciar esses momentos como tal.

Outra forma específica de expressar tempo de qualidade é conversar com frequência a respeito do seu desejo de estar ao lado do cônjuge e de manter acesa a chama do amor. Leiam ou releiam *As 5 linguagens do amor* durante o período de ausência a fim de continuar a nutrir o relacionamento. Também nesse caso é necessário comprometimento, mas, se vocês se amam de verdade, encontrarão tempo e energia para manterem contato.

Use a situação como oportunidade de praticar as outras linguagens do amor. Mensagens e presentes precisam ser considerados mais que "apenas" mensagens e presentes. São esforço físico e palavras de afirmação com o propósito de exprimir amor.

Resumindo, a distância de fato traz dificuldades para o relacionamento, mas não precisa acabar com o casamento. Obviamente, quanto mais tempo vocês passarem juntos, melhor (e vocês devem se esforçar para isso). Entretanto, se vocês estiverem comprometidos seriamente um com o outro e dispostos a usar de criatividade para falar a linguagem do amor um do outro, o relacionamento poderá sobreviver e até crescer durante o período de ausência.

Descubra sua linguagem do amor:
Questionário para maridos

O perfil de *As 5 linguagens do amor* fornecerá a você e a sua esposa (ou outro relacionamento importante) uma análise detalhada de seu modo de comunicação emocional preferido. Destacará sua linguagem do amor principal, o que ela significa para você e como usá-la para relacionar-se de maneira íntima e satisfatória com a pessoa que você ama. Esta seção traz dois perfis, um para cada cônjuge.

Você encontrará, a seguir, trinta pares de declaração. Selecione, de cada par, aquela que melhor define o que você considera importante em seu relacionamento conjugal. É possível que ambas as declarações pareçam corresponder ou não a sua situação, mas procure escolher a que melhor descreve a essência daquilo que você considera mais importante na maior parte do tempo. Separe dez a quinze minutos para completar o questionário, de preferência quando estiver descansado. Procure não completá-lo com pressa. Ao final, verifique sua pontuação e aprenda a interpretar seu perfil na página 174.

Considero mais importante quando:

1	Recebo dela um bilhete/*e-mail*/mensagem sem qualquer razão especial.	A
	Ela e eu nos abraçamos.	E
2	Passamos tempo juntos, só nós dois.	B
	Ela faz alguma coisa prática para me ajudar.	D

3	Ela me traz algum presente como sinal de amor.	C
	Passamos tempo de lazer juntos sem interrupções.	B
4	Ela faz alguma coisa inesperada por mim (p. ex., encher o tanque do carro ou levar a roupa na lavanderia).	D
	Ela e eu nos tocamos.	E
5	Ela coloca o braço à minha volta em público.	E
	Ela me surpreende com um presente.	C
6	Estou perto dela, mesmo que não estejamos fazendo nada.	B
	Damos as mãos.	E
7	Ela me presenteia.	C
	Ela diz: "Eu te amo".	A
8	Sento-me perto dela.	E
	Ela me elogia sem qualquer razão aparente.	A
9	Tenho a oportunidade de apenas "sair" com ela.	B
	Recebo dela pequenos presentes inesperados.	C
10	Ouço-a dizer: "Tenho orgulho de você".	A
	Ela me ajuda com alguma tarefa.	D
11	Temos oportunidade de fazer algo juntos.	B
	Ela me apoia por meio de palavras.	A
12	Ela faz algo por mim, em vez de apenas dizer que o fará.	D
	Sinto-me ligado a ela quando nos abraçamos.	E
13	Ela me elogia.	A
	Ela me presenteia com algo que demonstra que ela realmente pensou em mim.	C
14	Tenho a oportunidade de ficar perto dela.	B
	Ela massageia ou acaricia minhas costas.	E
15	Ela reage de forma positiva a algo que realizei.	A
	Ela faz algo por mim (especialmente quando é algo de que ela não gosta).	D

| | Questionário para maridos | 169 |

16	Beijamo-nos com frequência.	E
	Percebo que ela demonstra interesse pelas coisas das quais eu gosto.	B
17	Ela me ajuda a terminar projetos importantes.	D
	Ela me dá um presente empolgante.	C
18	Ela elogia minha aparência.	A
	Ela me ouve e compreende meus sentimentos.	B
19	Tocamos um no outro (sem conotação sexual) em público.	E
	Ela se oferece para me ajudar em tarefas corriqueiras (p. ex., ir ao correio, pagar uma conta).	D
20	Ela vai além de suas responsabilidades (coisas da casa, assuntos de trabalho etc.).	D
	Recebo um presente que ela escolheu com carinho e atenção.	C
21	Ela para de checar o celular enquanto conversamos.	B
	Ela se dispõe a fazer algo mais para aliviar minha carga.	D
22	Sei que vou receber um presente dela numa data especial.	C
	Ouço-a dizer: "Eu admiro você".	A
23	Ela me traz uma lembrancinha quando viaja sozinha.	C
	Ela realiza uma tarefa que é responsabilidade minha quando estou muito estressado para realizá-la.	D
24	Ela não me interrompe quando estou falando.	B
	Ela entende que presentear é parte importante do nosso relacionamento.	C
25	Ela me ajuda quando percebe que estou cansado.	D
	Saímos ou viajamos juntos.	B
26	Temos intimidade física.	E
	Ela me traz um presente que escolheu ao longo de um dia comum.	C
27	Ela me diz algo que me anima.	A
	Realizamos alguma atividade ou *hobby* juntos.	B

28	Ela me surpreende com um presente que exprime seu amor por mim.	C
	Ela e eu nos tocamos com frequência ao longo do dia.	E
29	Ela me ajuda em alguma tarefa (especialmente quando sei que está ocupada com outras coisas).	D
	Ouço-a dizer com todas as letras: "Admiro muito você".	A
30	Ela me abraça quando nos encontramos depois de uma ausência.	E
	Ouço-a dizer quanto sou importante para ela.	A

Anote nos espaços abaixo quantas vezes assinalou cada letra:

A: _____ B: _____ C: _____ D: _____ E: _____

A = palavras de afirmação; B = tempo de qualidade; C = presentes; D = atos de serviço; E = toque físico.

Agora, vá para a página 174 e avalie seu resultado!

Descubra sua linguagem do amor:
Questionário para esposas

Como mencionei anteriormente, este perfil fornecerá uma análise detalhada de seu modo de comunicação emocional preferido. Destacará sua linguagem do amor principal, o que ela significa para você e como usá-la para se relacionar de maneira íntima e satisfatória com a pessoa que você ama. Esta seção traz dois perfis, um para cada cônjuge.

Você encontrará, a seguir, trinta pares de declaração. Selecione, de cada par, aquela que melhor define o que você considera importante em seu relacionamento conjugal. É possível que ambas as declarações pareçam corresponder ou não a sua situação, mas procure escolher a que melhor descreve a essência daquilo que você considera mais importante na maior parte do tempo. Separe dez a quinze minutos para completar o questionário, de preferência quando estiver descansada. Procure não completá-lo com pressa. Ao final, verifique sua pontuação e aprenda a interpretar seu perfil.

Considero mais importante quando:

1	Recebo dele um bilhete/*e-mail*/mensagem sem qualquer razão especial.	A
	Ele e eu nos abraçamos.	E
2	Passamos tempo juntos, só nós dois.	B
	Ele faz alguma coisa prática para me ajudar.	D

3	Ele me traz algum presente como sinal de amor.	C
	Passamos tempo de lazer juntos sem interrupções.	B
4	Ele faz alguma coisa inesperada por mim (p. ex., encher o tanque do carro ou levar a roupa na lavanderia).	D
	Ele e eu nos tocamos.	E
5	Ele coloca o braço à minha volta em público.	E
	Ele me surpreende com um presente.	C
6	Estou perto dele, mesmo que não estejamos fazendo nada.	B
	Damos as mãos.	E
7	Ele me presenteia.	C
	Ele diz: "Eu te amo".	A
8	Sento-me perto dele.	E
	Ele me elogia sem qualquer razão aparente.	A
9	Tenho a oportunidade de apenas "sair" com ele.	B
	Recebo dele pequenos presentes inesperados.	C
10	Ouço-o dizer: "Tenho orgulho de você".	A
	Ele me ajuda com alguma tarefa.	D
11	Temos oportunidade de fazer algo juntos.	B
	Ele me apoia por meio de palavras.	A
12	Ele faz algo por mim em vez de apenas dizer que o fará.	D
	Sinto-me ligada a ele quando nos abraçamos.	E
13	Ele me elogia.	A
	Ele me presenteia com algo que demonstra que ele realmente pensou em mim.	C
14	Tenho a oportunidade de ficar perto dele.	B
	Ele massageia ou acaricia minhas costas.	E
15	Ele reage de forma positiva a algo que realizei.	A
	Ele faz algo por mim (especialmente quando é algo de que ele não gosta).	D
16	Beijamo-nos com frequência.	E
	Percebo que ele demonstra interesse pelas coisas das quais eu gosto.	B

17	Ele me ajuda a terminar projetos importantes.	D
	Ele me dá um presente empolgante.	C
18	Ele elogia minha aparência.	A
	Ele me ouve e compreende meus sentimentos.	B
19	Tocamos um no outro (sem conotação sexual) em público.	E
	Ele se oferece para me ajudar em tarefas corriqueiras (p. ex., ir ao correio, pagar uma conta).	D
20	Ele vai além de suas responsabilidades (coisas da casa, assuntos de trabalho etc.).	D
	Recebo um presente que ele escolheu com carinho e atenção.	C
21	Ele para de checar o celular enquanto conversamos.	B
	Ele se dispõe a fazer algo mais para aliviar minha carga.	D
22	Sei que vou receber um presente dele numa data especial.	C
	Ouço-o dizer: "Eu admiro você".	A
23	Ele me traz uma lembrancinha quando viaja sozinho.	C
	Ele realiza uma tarefa que é responsabilidade minha quando estou muito estressada para realizá-la.	D
24	Ele não me interrompe quando estou falando.	B
	Ele entende que presentear é parte importante do nosso relacionamento.	C
25	Ele me ajuda quando percebe que estou cansada.	D
	Saímos ou viajamos juntos.	B
26	Temos intimidade física.	E
	Ele me traz um presente que escolheu ao longo de um dia comum.	C
27	Ele me diz algo que me anima.	A
	Realizamos alguma atividade ou *hobby* juntos.	B
28	Ele me surpreende com um presente que exprime seu amor por mim.	C
	Ele e eu nos tocamos com frequência ao longo do dia.	E

29	Ele me ajuda em alguma tarefa (especialmente quando sei que está ocupado com outras coisas).	D
	Ouço-o dizer com todas as letras: "Admiro muito você".	A
30	Ele me abraça quando nos encontramos depois de uma ausência.	E
	Ouço-o dizer quanto sou importante para ele.	A

Anote nos espaços abaixo quantas vezes assinalou cada letra:

A: _____ B:_____ C:_____ D:_____ E:_____

A= palavras de afirmação; B= tempo de qualidade; C= presentes; D= atos de serviço; E= toque físico.

Agora, interprete seu resultado!

Interpretação do questionário

A pontuação mais alta (o número máximo é 12) indica sua linguagem do amor principal. Não é incomum encontrar duas pontuações altas, embora geralmente uma delas seja um pouco maior. Essas duas pontuações maiores são as linguagens mais importantes para você.

As pontuações menores indicam que é raro você usar essas linguagens para exprimir amor e que elas provavelmente o afetam pouco em termos emocionais.

Importante lembrar

Embora você tenha feito uma pontuação maior em determinadas linguagens, não despreze as demais, pois é possível que seu cônjuge exprima amor por meio de uma delas. Essa informação será muito útil para compreender as linguagens do amor de seu cônjuge.

Da mesma forma, será muito útil para seu cônjuge (ou outra pessoa importante em sua vida) conhecer a linguagem do amor principal que *você* fala, a fim de que possa exprimir afeto de forma que você interprete como amor. Toda vez que você ou sua esposa falam a linguagem do amor um do outro, ambos marcam pontos emocionais, embora não se trate, obviamente, de um jogo com placar! O resultado de falar a linguagem do amor um do outro é o aumento da percepção de intimidade. Ela se traduz em comunicação melhor, mais entendimento e, em última análise, em um romance cada vez melhor.

Compartilhe suas impressões de leitura,
mencionando o título da obra, pelo e-mail
opiniao-do-leitor@mundocristao.com.br
ou por nossas redes sociais

Esta obra foi composta com tipografia Minion Pro
e impressa em papel Pólen Natural 70 g/m² na gráfica Assahi